「生活工芸」の時代

三谷龍二＋新潮社　編

新潮社

目次

この本には一三人の

この本には一三人の筆者がいます。ほとんどの方が説明なしで「生活工芸」という言葉をもちいています。なぜなら打合せのときに、「生活工芸という言葉に、いま仮に広義と狭義があるとすれば、今回の本は狭義のほうの生活工芸について云々」といった話をしたからだと思います。狭義の生活工芸とはなにかというと、私がみなさんと打合せしたときに持参したのは四冊の本でした。

A 『生活工芸』 生活工芸プロジェクト編 二〇一〇年刊
B 『作る力』 生活工芸プロジェクト編 二〇一一年刊
C 『繋ぐ力』 生活工芸プロジェクト編 二〇一二年刊
D 『道具の足跡 生活工芸の地図をひろげて』
　瀬戸内生活工芸祭実行委員会編 二〇一二年刊

一九九三年に美術雑誌の編集者になり、工芸の分野が好きで記事にしてきましたが、九〇年代の終りごろから器をつくる作家の取材が多くなりました。三谷龍二さん、安藤雅信さん、赤木明登さんたちです。それまで雑誌に登場していた工芸作家とは、人も、つくるものも、ずいぶん印象がちがうように感じました。いま思えばその「あたらしさ」は、価値の転換をこころみる姿勢の「めざましさ」でした。「ふつう」とか「暮し」といった角のとれた言葉で工芸を語りながら、ふつうでは価値がないとまだ多くの人が考えていた工芸のみかたを少しずつかえていった彼らの仕事は、その果敢さは、当時はふつうではありませんでした。

Dの本には次の五人が瀬戸内生活工芸祭の招待作家として紹介されています。

赤木明登（漆） 安藤雅信（陶） 内田鋼一（陶）
辻和美（ガラス） 三谷龍二（木工）

この五人はABCの本にも、多寡の差はありますが登場しています。狭義の生活工芸というときに私が念頭においていたのは、そしておそらく今回の筆者たちが念頭においているのも、彼ら五人が核となり、ほかの作り手、売り手、買い手たちとともに、この十数年でつくりあげたある種の状況のことです。

その十数年は、「ふつう」という言葉をもちいながらふつうではなかった生活工芸が、文字どおりふつうになってゆくという、よろこばしい時代でした。そのかわり「めざましさ」はうすれてゆきます。本書には「生活工芸とはなにか」という問いと「生活工芸の時代とはなんだったのか」という問いが混在しています。三谷さんは前者の問いにこたえていて、ほかの筆者の多くは後者の問いにこたえています。

［菅野康晴／編集部］

1

すぐそばにある、特別な場所

三谷龍二

Ryuji Mitani
木工デザイナー　1952年生れ

きっと大切なことは、誰かが用意するものではなく、自分で
発見するものなのでしょう。

ここで思ったのは、声高にアピールしなくても、自分の「好き」を素直に伝えれば、そこに「共感」という広がりが生まれ、それを受信するひとが必ずいるということ。

作ることばかりがデザインの仕事ではありません。よいデザイン、よいかたちを積極的に評価し、それ以上何もしないということも、デザインの仕事なのです。

意識のコントロールが利かなくなって、考えも経験も及ばない領域というのは、魅力的だと思います。

使い道のないものたちは、それが無意味で、抽象的であるほど、ものが生まれる以前のような世界に僕たちを連れて行ってくれる。その静かで澄んだ感情のような場所が、僕は好きなのです。

はじめに

本を読むことは、自分の部屋に居ながらにして、遠くへと旅をすることだと思います。ベッドに入ったまま、あるいは椅子に座って、本を開くだけで、知らない世界へと旅立つことができるのです。日々の暮らしのすぐそばにある、特別な場所へと。

　それと同じように、友人を招いて一緒に食事をする時間も、自分の家を、「すぐそばにある特別な場所」にする方法ではないでしょうか。テーブルを庭先に出し、そこに料理を並べる。集まった人がテーブルを囲み、愉しむ時間は、日常という海に一艘の船を浮かべて過ごすようなもの。木漏れ日の中で、ゆらゆら揺られながら、同船者がお互いの最近の出来事を、あるいは家族のこと、たわいのない話などをしているうちに、瞬く間に時間は過ぎて行くことでしょう。そしてもしも器が、そんな時間のために少しでも役立つ存在だったら嬉しいと思います。大鉢からパスタを銘々の皿に取り分け、パンをちぎり、ワインを飲む。その時間が、まるで一編の物語を読むような愉しい時間になればと思うのです。

　遠い国を訪ねる旅はもちろんワクワクするものですが、それでも、何処へもでかけないでただ家の庭で過ごすことでも、自分なりの小さな祝祭の時間を得られるのではないでしょうか。いつも家事に縛られて、時には何処かへ行きたい、と思う気持ちもよくわかりますが、でもだからといって遠くばかりを見ていないで、自分の足元を見直すことも大切なこと。青い鳥を求めて旅をしたチルチルとミチルが、結局自分の家で「幸福」を見つけたように、青い鳥は、実は身近なところにあるのかも知れないのです。

　料理を作ること。部屋を整えること。自分の手を動かし、自分でものを作ること。それらにはお金では買えない価値があります。ネット社会では自由に世界と繋がることができるけれど、実はそれぞれが自分の部屋に閉じこもるだけの孤独な社会でもあります。そんな時代だから、手を動かして具体的なものに触れること、人と人が直に出会い、触れ合うことが大切なのでしょう。そしてそれが、自分とこの世とを繋ぐ結び目を作ることになるのです。

　きっと大切なことは、誰かが用意するものではなく、自分で発見するものなのでしょう。

リネンのシーツ

　リネンシーツの肌触りが好きで、ずっと使っています。一般的にリネンは夏の寝具と言われていますが、冬でも部屋が暖かであれば、吸湿性があって発散性もあるから、寝汗もすぐに取り除いてくれるし、熱をよく逃がしてくれるから　感触がいつでもサラサラしている。生地に張りがあってシーツとしてとても良いと思っています。夏には少し厚手の、ざっくりした感触のものが気持ちいいし、冬はそれではちょっと寒々しい感じだから、細い糸で織られたもので、肌に馴染むものを選びます。色は生成りの亜麻色もよいから、あくまで好みだと思いますが、僕は白色が、朝のさわやかな目覚めの時にも、静かに心を落ち着かせて眠る時にも、合っているように思います。

　太宰治は貧しい長屋暮らしをしている時も、寝具だけは絹の布団を使っていたといいます。一点豪華主義というのでしょうか、執筆に疲れたからだをいたわるためにも、眠りの質は落としたくなかったのだろうと思います。寝具は心地よい眠りを保証するために、あるいは明日に疲れを残さないために、とても大切な日用品だと思います。寝心地のいい一揃いの布団を持っていれば、それだけで日々の活力もずいぶん違ってくるでしょう。

　リネンの原料である亜麻は、北ヨーロッパなどの涼しい地方に適した植物です。一方高温多湿の東南アジアでは苧麻《ちょま》（ラミー）が適していて、古くから日本でも栽培されてきました。木綿が一般に普及したのは明治の頃といいますから、それ以前は布といえば麻のことでした。僕の住む松本の近くにも麻績《おみ》村、美麻《みあさ》村（現・大町市）など、かっては産地だったのでしょう、地名に麻の字が多く残っています。

　そのなかでもとりわけ有名な苧麻の産地が福島県奥会津の昭和村です。ここは六〇〇年以上前から、越後上布や小千谷縮などに使われる上布用のからむし（苧麻）の栽培地で、今も栽培から織りに至る手仕事の伝統を守っているところです。その昭和村を先日訪ね、織り姫のひとたちに話を聞く機会がありました。

　着物を着るひとの数は年々少なくなる傾向にありますから、手仕事の伝統を維持していくのは、とてもたいへんなことです。僕たちはそんな話を村の宿泊施設で、ただ伺うばかりで、あっという間に時間が過ぎていきました。

　あたりは暗くなり、そして僕たちは夕飯をご馳走していただいたのですが、その時、湯気の上がるおいしそうな強飯が、茶褐色の布に包まれて食卓にでてきたのでした。その布は白く輝くからむしの印象とは違い、生成りの糸をザックリと編んだような、たいへん野趣のあるものでした。そして湯気に濡れたその布が、惚れ惚れするほどきれいだったのです。生地は大麻。からむし同様に、いや日常使いとしてはそれ以上に、昭和村で昔から手がけてこられたのが大麻でした。そこには生活の布としてのたくましさがありました。そして、とてもおおらかでもあった。「こんな布の使い方があるんだ」。茶碗に御強をよそう様子を見ながら、なんだか僕は嬉しくなりました。

　柳田國男は『木綿以前の事』でこのように言っていました。「どうしても独りの力では始末のできぬように、この世の中はなっているのである」「（でもそのことを）静かに考えてみると損もあり得もある」「（そのなかには）もっと我々に相応した生活の仕方が、まだ発見せられずに残っているように、思っている者は私たちばかりであろうか」と。

「独りの力では始末の」つけられないことが僕たちにはたくさんあります。でも、美しい布にはひとの心を動かす力があります。そしてひとには、発見する力がある。きっとそのふたつの力が、何かを生みだしていくだろう。そう思いました。

朝食とケメックス

　朝のコーヒーには、ケメックスのコーヒーメーカーを愛用しています。大学生の頃に観た映画「ジョンとメリー」のなかで、主人公のジョン（ダスティン・ホフマン）がキッチンで使っているのを見て以来、それは僕の憧れの一品でした。大人になってようやく手に入れ、ずっと使い続けていますが、ただひとつだけ残念に思うところがありました。それは取手の木の部分です。もちろん僕が木工をやっているから、木の素材や仕上げを人一倍気にする、ということがあると思うのですが、元々付いていた取手には、木というよりは草の一種のような素材が使われ、仕上げも表面をウレタン塗料でべったり固めてあるところが不満だったのです。だから僕は木の取手部分だけを桜材で作り直しました。取り替えて見ると、形は同じであるのに見違えるようによくなって、ただ部品を交換しただけで、全体の印象がこれだけ違ってくるということに、改めて驚いたのでした（ケメックスを作ったピーター・シュラムボーム博士、ごめんなさい。ケメックスは大好きなのですから、付け替えをどうか許してください）。僕の取手はオイル仕上げですから、元のウレタン塗装のようには、水に強くないかも知れません。だから大事を取るひとならば、毎回取手を外して、ガラス本体だけを洗うと思いますが、でも僕はほとんど取手を付けたままで、洗ってしまっています。それでも取手はいつも手で触れるところですから、思ったほどカサカサすることなく、むしろ自然に色艶もよくなっています（それから博士、これはあくまで自分だけのケメックスとして、個人的に作ったものです。その点もどうぞご理解ください）。

　それから一年ほどしてからです。ある雑誌の取材で、僕の愛用品としてケメックスが掲載されたことがありました。それからでした、「あのケメックスの取手が欲しい」という問い合わせをいただくようになったのは。でも、取手は元々ついているのですから、使う分にはなにも問題はないはずです。それでも、僕が感じたのと同じように、取手部分の仕上げや素材感が気になる、と感じていた人がたくさんいらした。僕はそのこと、素材と仕上げに対する感覚を共有できたことが嬉しく、またそこから新たに教えてもらったように思いました。

　ケメックスの取手のことから、僕はふたつを学んだように思います。ひとつは木工の可能性についてです。木の取手は部品のようなものですから、いわゆる工芸の範疇には入らないし、かといってプロダクトの仕事にもならないものです。胸を張って作品とはいえないような、作家としての満足感も持てないような品物だと思います。でも、なんというのでしょうか、作品と商品の中間のような、隙間のようなところにある仕事に対して、多くの人が賛同し、求めて下さった。それは木工のひとつの可能性ではないか、と思ったのでした。工芸は、長く作品主義に寄り過ぎていました。だから作品にならないようなものには誰も興味を示さなかった。見方を変えれば、作家自身が自分たちの仕事の範囲を狭く限定してしまっていたのです。でもこの取手を作るためには職人として木の特性を熟知していることや、デザインセンスや、必要とされているかたちに仕上げる技術が求められるでしょう。それはまさにプロに求められる仕事だと思いますが、実際にはそれをするひとは誰もいなかった。暮らしの中で困っている人がいて、気になる問題を解決して欲しいと思っている。そうした問題を解決してくれるような木工のかたちが、僕はもう少し見直されてもいいのではないかと思っているのです。

　それからもうひとつ感じたのは「共感」による広がりということ。僕が取り替えたケメックスの取手は、あくまで自分の個人的な好みから作ったものでした。しかしケメックスを使っていた人たちのなかには、そこに共感する人が多くいらして、宣伝は疎か、作品としても、商品としても出していないのにも拘らず、多くの反響をいただく結果になりました。ここで思ったのは、声高にアピールしなくても、自分の「好き」を素直に伝えれば、そこに「共感」という広がりが生まれ、それを受信するひとが必ずいるということ。個人は社会の中では小さな存在ですから、その声は人にはなかなか届かないものと、僕はずっと思ってきました。個の力は弱いものだと。でも生活の中の小さな気付きや発見を大切にしながら、ものを作っていけば、（実／意味のあるものであるなら）それに「共感」するひとがどこかに必ずいてくれる。大きな声、大きな身振りで自分をアピールしなくても、自分の「好き」をかたちにすれば、それが伝わっていく社会が育ちつつある、と思ったのでした。これは恐らくＳＮＳなどの広がりとも呼応するのでしょうが、ひとの繋がり方が少し変化してきたからではないでしょうか。

　もともと大きな声を出すことが苦手な僕には、これはとても嬉しい変化だと思いました。

あたりまえのかたち

　右はウェッジウッド社が業務用として作ったコーヒーカップで、左はスウェーデンで買ったデミタスカップです［21頁］。ウェッジウッド社のものは松本のコーヒー店で買い足しができたくらいですから、広く出回っていたものでしょう。全体のフォルムや取手のデザインがどちらも完成されていて無駄なところがありません。磁器の白い質感ともよく合っていると思います。

　街にはデザイン過多のものが溢れ、短いサイクルで変わっていきます。そんななかにあって、このコーヒーカップのように「あたりまえのかたち」は清々しくて、「これでなくては」と、思わず拍手を送りたくなります。おびただしいコーヒーカップの中から、この「あたりまえのかたち」が生まれたことは、ある意味奇跡のようなことだと思う。コーヒーを愛する人の想いが、その最も良質な果実が、このカップに結実しているのだと思います。だからそのデザイン価値は正しく評価したい。ところが、実際にはこのカップはある時を境に、あまり見ることが無くなってしまったのでした（確かめたわけではありません。廃番でなければいいのですが）。時代の流れは、いいものも悪いものも呑みこんでいきます。作ることばかりがデザインの仕事ではありません。よいデザイン、よいかたちを積極的に評価し、それ以上何もしないということも、デザインの仕事なのです。何も足さない、何も引かない、作らないことも、作る仕事のひとつです。

襟つきの綿や麻の白いシャツは、いつまでも変わらない輝きをもっている。そしてそのことを作る側だけでなく、着るひとも共有して持っていることが、デザインの成熟ということだろうと思います。消費者がその変わらない良さを理解し、受け入れる基盤があるからこそ、デザインもラインや襟などの小さな変更（声）だけで、それ以上をする必要が無くなる。ただそれだけで、着るひとにも十分伝わっていくからです。そんな風に市場（文化）が成熟すると、価値の共有が生まれるから、デザインはできることの範囲を広げ、その質を豊かにすることができる。啓蒙から共感への時代の変化は、成長期から成熟期に移行したというひとつの表れだろうと思います。

生活道具が長く作られ続け、使われ続けるためには、いつまでも新鮮で、気持ちの深いところで人々に受け入れられることが必要です。ウェッジウッド社の業務用コーヒーカップのような「あたりまえのかたち」が、繰り返す日々に安心をもたらす生活品として、社会に共感され、定着していくことを願います。

竹のハエたたき

この竹製のハエたたきは、かなりの優れものなのです。信州伊那地方でごく最近まで作られていたものですが、すごい確率でハエを仕留めることができる。僕はほかにフランス製のもの、スウェーデン製のものを持っていますが、圧倒的にこちらの方が優秀で、途端にハエたたきの腕前が上がったような気になってしまうくらいです。ちなみにスウェーデン製のものは細いピアノ線が束になって、箒のようなかたちになっているもので、鋼鉄ですからバシーンと、とにかく破壊力はものすごい。でも使う側としては、ハエは殺したいけれど、あまり潰したくはないから、これを使ったことは、ほとんどありません。また、フランス製のものは馬具など革製品の盛んな国だからでしょうか、叩くところが革でできています。こちらも、どうなのでしょう、ハエを殺した後、革の表面にその痕跡が当然残ります。それをフランスの方は平気なのか。僕にはハエを潰した後の革が、そのままあるというのが考えられなくて、こちらのハエたたきは、まだ一度も使っておりません。

しかし、ハエたたきというのが、世界中にあるのは愉しいことです。世界中の人がハエをうるさい存在だと思い、それを退治する道具を作っている。お国柄もはっきり出ていて、自分たちの得意な素材、自国に豊富な素材を使って作っています。スウェーデン鋼の有名な国のハエたたきは鋼鉄製で、革加工の盛んな国のハエたたきは革を使う。そして、日本のハエたたきは竹製と、目的はひとつなのに、国によってそれぞれ工夫の仕方が違っていて面白い。

ところで、この竹のハエたたきがどのように優れているかといいますと、とにかく自らの気配を消すことに秀でているのです。つまりハエのすぐそば、ギリギリまで近寄ることができるのです。そうすれば自ずと命中率は格段に上がる。みなさんも経験があるでしょう、そーっと気づかれないように後ろから近づくのだけれど、ふぁっとハエに逃げられてしまったことが。どうしてか判りませんが、竹のハエたたきには気配を断つ優れた特質があるのです。かたちは団扇に似た方法で竹を裂いて、撓りを利用して扇形に広げて、糸で止めてあります。とかく工芸は手を掛けすぎるものですが、実用本意のこのハエたたきは、素材の特性を生かし、手の掛け方も適正で、無駄のない、きれいなかたちに仕上がっています。

箒

草をただ束ねただけの箒を、今のような平箒のかたちに変えたのは、アメリカのシェーカー教徒が最初だったといいます。「天国に埃はない」と、わずかな塵をも嫌う清潔好きの彼らが、部屋の角を掃く時に、隅までうまく入っていかない丸箒に不満を感じ、平箒のように潰して、横に広げる編み方に変えた。こうすることで掃き幅は広がり、掃除が格段に捗るようになったし、念願だった隅の埃も、角を使えば容易に掃き出せるようになったのでした。

　この例のように、新しいものが生まれるためには、「あの埃をなんとかしたい」というような、小さな違和感が発端になることが多い。そして後はシェーカー教徒のごとく、問題解決に向けての強い執念があるかどうかで、成果は大きく違ってくるのでしょう。そう考えると、生活品には大仰な理屈よりも、暮らしの中の小さな気付きの方がずっと大切なことに思えてくる。むしろ些細な違和感をないがしろにしないことが、ものを作り出す原動力になるのだと思います。

　ところで、木工の仕事をしている僕たちは、仕事で箒をよく使います。大工さんや建具屋さんが現場で削り屑を箒と塵取りで片付ける様子を見たことがある、という方も多いと思いますが、削り屑の大きさには大小いろいろあって、木屑の量が多い場合などは、掃除機では詰まって具合が悪いのです。だから掃いた方が早く、箒の方が重宝する。工房の床もそうですが、作業台の上なども手箒で掃きます。細かい埃は毛先の柔らかいものを。木片のような固まりは硬い毛先のものを、と木屑によっても箒を使い分けているうちに、いつの間にか仕事場にはいろんな箒が集まりました。

　写真の箒は岩谷雪子さんのものです。岩谷さんは箒作りというより、植物を使ったインスタレーションをする作家です。この岩谷さんの箒に憧れた若い女性が、数年前、名古屋から松本に移住されて、古くから続く「松本箒」を今、作りはじめています。きっかけはクラフトフェアなどで発信した、後継者難という情報を彼女が知ったことから。そして「やってみたい」とわざわざ遠くの町までやってきて、技術の伝承を引き受けてくれたのでした。バトン・リレーは様々な人の思いが重なれば繋がっていく。それは明るい希望を感じさせる出来事でした。

　伝統的な手仕事は、徒弟制度の崩れた今となっては、産地のなかだけで解決することがなかなか難しくなっているように感じます。だからもう少し開いて、様々なネットワークを使って、広く伝えることをした方がいいと思う。多くの人にその現状を知ってもらうことが大切だと思うのです。

　しかし「やってみたい」という人が現れた時の、バックアップについても、なかなかうまくいかないように思います。現在各地にある伝統的な手仕事は、実際には個人（高齢者の場合が多いです）の力で続いていることがほとんどで、産地とはいっても、実は個人力で継続している場合が多いのです。しかし行政は新たに継承しようとする若い人が出てきても、それは「特定の個人への援助にあたる」と躊躇するのです。考えがすれ違ってしまうんですね。なにかこのあたりの改善というのか、例えば育成の仕組みをあらかじめ作っておくとか、なんとかうまくできないものかな、といつも思います。もちろん僕がこんなことを思ったって、なんにも変わらないとは思いますが。

藁人形　風車　ネズミ捕り

左に置かれた藁の人形［28頁］。戦前の日本で作られたものらしく、上に貼られた古い新聞紙には、「伊勢線諏訪駅で湯の山行き電車に乗換へ約三十五分、湯の山駅からバスの便がある、四日市の西方二十……」と旧仮名遣いで書かれていました。人形といっても、中のあんこがむき出しのままという状態で、この後衣装を着せられ、頭を付けて、完成品になるのでしょう。

でも僕は、きれいに着飾る前のこのままの姿の方が断然面白いと思う。それは未完の魅力というのでしょうか、中断によって作者の意図や目的がことごとく停止、剝落してしまっているから、その分なにものにも属さない自由な空気が、潑剌とそこに立ち上がっているように見えるのです。また使われている藁や紙や針金や木などの素材も、そのひとつひとつが、材料として使われている時よりも、なぜだか生き生きして見える。意識のコントロールが利かなくなって、考えも経験も及ばない領域というのは、魅力的だと思います。

中央にあるのは、ハンガリーの蚤の市で見つけた、穀物を挽く風車小屋のミニチュアです。買ったときは玩具メーカーのものと思っていましたが、ちょっと壊れて修理した時に判ったのですが、銀色に輝く上部の円柱は、実は水道管に使うビニールパイプでした。そして下のクリーム色部分の裏には、シェル（石油?）の絵が書いてあった（つまりリサイクル品だったわけです）。だからきっとこの玩具は手先の器用な人が、自分の子供のために（あるいは自分のために）、身近にある材料を使って作ったのだと思います。

そして一番右の木の箱。どこで作られたのかは不明ですが、実はネズミ捕りなのです。とても小さくて、この中に入るネズミというのはどんな種類のものだろう、と思いますが（それとも実用のものではないのかしら）、ネズミが入ると入口が閉じるように仕掛けもちゃんとしていますから、ネズミ捕りには違いないのです。でもそんな用途とは別に、僕はただ黒い小さな木の塊が持つ気配が好きなのです。

この三つのものを並べて、チェストの上に置いています。それぞれ出自も違えば、国も違う。こうして三つのものが並んでいるのを見ていると、数奇というのか、数々の偶然によって今ここにあるのだと思います。購入した場所は東京、ブダペスト、福岡。僕の目に触れるところにたまたま現われ、買った時期もバラバラ、三つを並べて置くという考えも、もともとありませんでした。そうした偶然をそのままに、好みの赴くまま自由に選択し、しつらえや取り合わせ、配置するというのが、僕は好きです。しつらえや取り合わせという日本人が好んだスタイルは、西洋の石の家やブロンズ彫刻のように、いつまでも変わらない普遍的な美とはずいぶんと違ったものだと思います。手で押せばすぐに動いてしまうような不安定な状態を孕んだこの配置という愉しみは、一期一会の儚さを内包して、今ここに在ることがいいのです。

酒器盆

子供のころ祖父の家へ遊びに行くと、居間の火鉢にはいつも火が熾っていて、その横には使い込んだ煙草盆が置かれていました。祖父は煙管を愛用していて、「よもぎ」という刻み煙草の入った木器《もっき》と竹製の灰吹き、それに掃除に使う手製の紙縒りがきれいに盆に収められていました。角火鉢と座布団と煙草盆は、いつも部屋の定位置に置かれ、祖父がそこに座っていない時にも、気配を濃密に漂わせていたのです。

そんな箱盆の記憶があるからでしょうか、愛用の道具をいつでも使えるように盆にセットしておくということを、自分でもするようになりました。今、僕は長方形の深い木の盆に、好みの酒器をいくつかセットしておいて、気が向いた時すぐに始められるようにと、常備してあります。お茶の世界でも盆のなかに好みの茶器を一式揃えておくというやり方があるそうですが、確かにそうすれば億劫がらずに気軽に出して使えるから便利なのでしょう。好きなものを使いやすくしておくことは、愛用品を自分の手元に引き寄せる良い方法だと思います。

気に入った酒器に出会って、それを求めて懐に抱えて帰る道すがらは、（もちろん酒が待っている、ということがありますが）心はウキウキ、口元もうっすらほころんできます。酒器というのはなぜかそんな不思議な魅力をもっているもの。そのあたりはごはんのための器とは、少し違いがあるようです。三度の食事はやはり労働や日常と強く結びついていますが、お酒はそうした日常から解放されて、心を遊ばせるためのもの。酒器は自分だけの密かな愉しみの世界に繋がって、器の中でもとりわけ個人的な好みが、色濃く出るものだと思います。仕事が終わり、簡単な肴で酒を呑む。酒は仕事のオンとオフを切り替えるスイッチのような役目をもっていますから、スイッチがオフに切り替わると、そこにもうひとつの世界が醒覚するのです。そこは日常からは少し離れた、暮らしのなかの小さな祝祭のような時間なのです。

酒器がたのしい理由をもうひとつあげるなら、盃を口元に運ぶ時、間近に器を見ることができるということでしょう。それはもう愛玩というのか、フェティシュな喜びというのか、手と眼で、そして唇で、まさに舐めるように器を味わい尽くすことになります。そういう付き合い方を器と交わすというのは、日本のやきものならではで、日本人が自然と親密に関わる感受性を持っていることが、そうさせるように思います。

酒器はやきものを知り、そのよさを味わうための最良の方法であると思います。

呉服屋の値札

実用として作られたものが、ある時使われることがなくなり、それまで当たり前のようにあった〈用〉の役割を離れた時、とても純粋な物質の表情を僕たちに見せてくれることがあります。それはものたちが、作られたときに持っていた意味（役割）から解放され、そこにただ物質として存在する姿です。写真［32頁］のものは一見何なのか判りにくいと思いますが、実は呉服屋さんで使われる紙の値札。ただそれを束ねただけのものです。でも、棚に置かれたその姿はすでに値札ではなくなっています。もともと与えられた属性はきれいに払われ、抽象的でやわらかな物質として、そこに立っているのです。紙縒りのように丸められた先は、いろんな方向に細く、自由にのびて、値段を書く部分はしっかりと帯び封されて、紙の束とは思えないくらい固く、台形状に踏ん張って立っています。

僕は実用の器を多く作っていますが、実用という真面目さから解放されて、遊びの世界に誘ってくれる、こうした無用物にとても魅かれます。使い道のないものたちは、それが無意味で、抽象的であるほど、ものが生まれる以前のような世界に僕たちを連れて行ってくれる。その静かで澄んだ感情のような場所が、僕は好きなのです。

手を入れすぎると面白くなくなるということは、ものを作っていてよく感じることです。料理でも手を入れすぎるより、素材を生かしたものの方がおいしく感じるし、庭も作りすぎるより、雑木林のように、山の自然を感じさせるものの方がいい。とかく人の手や頭が入りすぎると、元々そのものが持っていた野生の魅力が壊されてしまって、却ってつまらないものになってしまうのです。

でも、それと矛盾するようですが、ひとの体温もまた、素敵なものだと思います。長く使われていた道具が、古い民具としてガラスケースに飾られると、途端に潮が引いたように人の気配が消え、生気を失ってしまう。それを何度も目撃し、道具は、生活の場所から離れ、人の温度が無くなると、意外なくらい死んでしまうと感じています。人の手が加わると壊れるものがあり、人の手が離れると、また壊れてしまうものがある。ひととものとの関わり方は、いつも不思議です。

ひょっとすると、生活工芸はモノだけでは語れないモノの世界。ひとや暮らしと繋がってはじめて見えてくる、モノの世界なのかも知れません。

鍋摑み

鍋摑みなのですから、炊きたてごはんの入った鉄鍋や沸騰したての薬罐などを持つのに使っていいんだと思うのです。そして汚れたら洗って、よれよれになるまで使い倒す。それでいいと思うのですが、困ったことにこの鍋摑みだけは汚すのがもったいなくて、ずっと冷蔵庫の扉にかかったままになっているのでした。新車だって僕は「車は道具」と思っていますから、気にせず悪路でもどんどん乗り回す方なのに、どうしてでしょう、これだけは躊躇してしまうのです。実際、鍋摑みにしておくにはもったいないほどの器量良しで、それがいけないのでしょう（いや、いけなくはないか）。絵のようにきれいだから、シミをつけるのも惜しいと思ってしまう。惚れた弱みというのもあるのでしょう、まぁ、仕方がないですね。

　この鍋摑みを作ったのはZakkaの吉村眸さんです。以前から吉村さんのお店、Zakkaが好きで、上京すると時間をみて立ち寄っていました。そしてこの鍋摑みを買ったのは三年ほど前でした。Zakkaはお店ですが、ドアを開けると、お店の一角にミシンが置いてあって、店主の吉村さんが黙って縫い物をしています。カタカタカタ、乾いた音が小さく聞こえ、どこか作家のアトリエにお邪魔したような、心地よさがあるのです。店内にあるものも、もちろんよく選ばれていて、どれも素敵なのですが、ものとものの間に風が通り抜けるような隙間があり、大きな紙の上に少しだけ絵を描いたような余白があって、普通のお店のようにお客さんの方に顔を向けていないというのか、それがアトリエにいるような空気を作っているのだと思います。そしてその心地いい空気感は、吉村さんの作る鍋摑みにも表れていて、だからそれを見るたびにZakkaを思いだしたりするのです。

　吉村さんの縫い物は布選びとその組み合わせ方がいいのです。それに控えめに縫われた糸の跡も、布の余白を引き立たせるもので、なんていうのか、静かな気持ちのようなものがそこに縫い止められているように感じます。ものには人が出る、とよく言われますが、清潔で、背筋が伸びているような感じは、そのとおりだと思います。

　話は少し違いますが、雑誌の写真を見ていると、この二〇年ほどで大分変わったな、と思うことがあります。以前の写真は工芸作品を画面の真正面に据えて、作家やその仕事を、恭しく、重厚に伝えようとする写真が多かった。ところがここ二〇年ぐらいでしょうか、作品は画面の中心ではなく、すこし脇に寄せられ、ものというより、ものの周り、その場の空気のようなものが切り取られているように思うのです。すでに巨匠や文豪は成立しないといわれ、作家も社会の一員として普通に暮らすひとに今はなったと言われます。そして、それを被写体とする写真も同じように変わっていった。それは誰が変えたというわけでなく、時代の意識が少しずつそんな風に変わっていったからだと思います。

　僕はそうした時代の変化を、Zakkaというお店が、いち早く教えてくれたように思っています。それも難しい話など一切なく、コーヒーを飲みながら、自然で、リラックスした雰囲気のなかで、その変化を見せてくれた。日本の陶磁器と雑貨が当たり前に並ぶのを始めてみたのがZakkaでしたし、砂の上に石ころをただ置いただけのカレンダーからも、軽やかな時代の精神を感じ取ったのでした。

写真を撮る時、被写体に一歩踏み込み、近づいて撮ると、より迫力のある仕上がりになることがあります。毎日使うということはちょうどそれと似ていて、好きなものこそ身辺座右に置きたいと思い、ものとの距離を一歩踏み込んで縮めるということだと思います。

そう思うと「生活」というのは、人間がずっと変わらず営んできたこと。そういう簡単には変わらないものの、別名でもあるのです。

狭い台所を工夫し、気持ちよく家事ができるように考え、晩ご飯のおかずを考える。あるいは暮らしの中の何でもない時間や、ぼんやりと椅子に座って庭を眺めている時も。そんな日常の経験のなかでも、旅が自分を作るのと同じように、自分は作られていくのです。

小屋の暮らしにそれが必要かどうか、篩にかけられているのだと思います。そしてその判断を下すのは自分というより、小屋が答えを出してくれたような感じがあった。なんだか自分が小屋にしつけられているような、そんな実感だったのです。

白いカフェオレボウル

少し前のことですが、白い器を作る作家がすごく増えた時期がありました。恐らく朝鮮の白磁や、デルフトの白い陶器の影響が大きかったのだろうと思いますが、それだけではなく、古民家の空間に馴染む「民芸」の器に対して、都市のマンションなど現代の暮らしに合う器として、白い器が求められたのだろうと思います。ただ白い器といっても、一括りにするのはいささか乱暴でしょう。そこにはやわらかな白もあれば、硬質の白もある。心動かされる白があれば、何も感じない白もあるからです。

陶芸家の岡田直人さんも、白い器の代表選手の一人だと思います。彼の器は半磁器のボディに、錫釉を掛けたもので、艶はあるが硬くはなく、適度に手の跡を残した、調子のある肌が特徴です。彼は器にとって大切なことは「清潔で、丈夫で、手入れが楽なこと」だと言います。半磁器を選んだのも、陶器や磁器より丈夫という理由から。その上、錫釉を掛けるとさらに強くなるといいますから、日々の器にもってこいと言えるでしょう。

白い器が一時期の単なる流行だったのかどうかは僕には判りません。ただ、少なくとも僕にとっては、部屋の壁の色が白であるのが定型であるように、器は白が基本だと思っています。それは白い器が料理を盛りつけた時一番よく映えると思うから。そして和洋中からお菓子まで、幅広く一器多用で使える色だと思うからです。

岡田さんと話をしていると、器についての考え方に共通するものを感じます。どうして、と思っていたら、岡田さんが修業した九谷青窯は、秦秀雄さんと繋がりがあるところでした。「日常生活に用いる器を供すること、古典を基調にして時代に即した良質の器を作ること、価格は手頃なものに設定すること」。秦秀雄さんのことをよく知っているわけではありませんが、こうした言葉は、若い頃の僕たちに説得力のあるものでした。

もちろん岡田さんも僕も、実際に作る器自体は、秦さんの選んだものとはずいぶん違うと思います。でも、それは時代が変化し、暮らしのスタイルが変わったから。自分たちの生活感覚に、つまり「時代に即した」ものを作っているところからくる違いなのだと思います。

そう考えると普段使いの器を作る僕たちの生活工芸の流れも、ずっと以前から続いていて、僕も岡田さんもそのなかにいるのだと思います。

ところで、このカフェオレボウルは、デザインを僕が、製作を岡田さんがするという方法で作りました。僕は木の器以外にも、少しずつですが自分が暮らしていて欲しいと思ったものをデザインし、作家と一緒に作るということをしています。木のテーブルやチェスト、鉄の薪ストーブやフェルトのワインキャリアなど。もちろん専門のデザイナーのようにではなく、暮らしのなかから自然にでてきたものをかたちにする、というスタンスですので、家具だったら一〇年に一度ぐらいしか、展覧会はできない程度ですが。

「生活工芸」と「生活デザイン」は、もちろん手と機械の違い、少量と大量の違いはありますが、重なるところも随分あるように思います。どちらも庶民の暮らしをよくすることを目指し、「生活」にこだわっている。そして、モダンデザインもいまの暮らしの実感とは、少し距離を感じるようなところが出てきたなかで、その中間のような部分に、なにかできることがあるのでは、と思っています。

　岡田さんは自分でデザインしたもののほかに、デザイナーと組んで作る仕事を以前から併行してやっていました。そうしたやり方は九谷青窯時代の経験もベースになっているのでしょう。現在の課題も判ってのことだと思いますが、少し以前の、個性を重んじる作家のタイプとは違うものづくりを目指しているのだろうと思います。それはどういうものかというと、例えばテーブルの上では食器同士が喧嘩するより、引き立てあった方がいいという考え方があり、それを共有できれば、作家同士でもずいぶん彼我の垣根が越えやすくなると思うのです。そこには作家として作る側の視点だけではなく、生活者としてのもうひとつの視点が加わっている。もちろん創作は基本的には独りでするものですし、作家のタイプにもよると思いますが、ただ自分だけのものではなく、暮らし全体を見ながら、生活デザインを考えながら、そのなかで自分のやりたいことを見つけ、作品にしていくのです。こうした作家が増えてきたことは、工芸にとって面白く、とても健全な兆候ではないかと思います。

ティシュケース

　手仕事を取り巻く環境は、戦後大きく変わりました。例えば養蚕の盛んだった松本付近では、自分たちが着る着物は、銘々の家で織るのが普通でしたし、木工は戦後しばらくまでは、材木をリヤカーで運び、手かんなですべて仕上げるような、そんな風でした。手でものを作る速度と、社会の速度がまだ近かったのです。それから後は急激に機械化が進み、大量生産、大量消費の時代になっていきました。さらに海外の安い労働力を求めるようになって、手仕事のものは機械や海外のものに比べ、価格に一〇倍近い差が生じるようになりました。手仕事の環境は激変、伝統的な産地の多くがそうであるように、社会に取り残されるような状態になっていったのです。

　そうした変化は経済だけではありません。わたしたちの暮らしも変わり、総じてカジュアルになり、合理的な考え方になっていったのだと思います。伝統的に続いてきたハレの日の儀式は、「正式」から「略式」へと簡素化し、普通の日との区別も少しずつあいまいになっていきました。かっては当たり前だったことが、堅苦しいと敬遠され、すでに衰退した生活慣習もあると思います。そして特別な日に必要だったもの、例えば着物やそれに付属する品物、家で行われていた冠婚葬祭のための什器備品、あるいは客間や和室のしつらえ、和食の道具類など、使われる頻度が減って、作る量も年々細くなっていきました。人々が再び特別な日を求めるようになれば、その道具類も復活するのでしょうが、何しろ自分自身を見ても一年中カジュアルな服装で済ませてしまっていますから、「どうしても独りの力では始末のできぬように、この世の中はなっている」（柳田國男『木綿以前の事』より）のだと、思わざるをえないところがあります。

生活自体が変化すれば、そこで使われる生活工芸も変化しないわけにはいかないでしょう。ひとつの方法は伝統文化を守って、作り続けることですが、そこで問題なのは、作られたものは「工芸品」ではありますが、高級なものになり過ぎて人々の暮らしと乖離したものになってしまうということ。つまり「生活品」ではなくなってしまうことです。だからもうひとつの方法として、今の生活に必要なものを新たに考えて作ることが必要になってきます。現代の生活と伝統技術を結びつけた、生活工芸品を作る道です。

土屋美恵子さんのティシュケースを見たとき、自分たちが欲しいと思っていたものを作ってくれた、とうれしく思いました。以前から部屋の中で目障りだと感じていたティシュボックスの存在が、とても美しい布に包まれ、長い問題懸案としてあったことが、鮮やかに問題解決したからでした。そしてそれは、単に部屋の中のティシュケース問題の解決だけではなく、布の新しい使い方であり、可能性への糸口のようにも僕には見えたのでした。

土屋さんは布がとても好きな人です。布地が織り上がった後も、それを眺めたり、触っている時間が多い、と言っています。そうしている時に「ティシュをこういう風にくるんだら」と思い、このティシュケースが生まれたそうです。個性の表現というのではない、もっと暮らしに寄り添ったもの作りの姿勢が、土屋さんの仕事から伝わってくるのです。

四角いバット

オープンしたばかりの店なのにどこか落ち着いた、いい雰囲気だと思うと、さりげなく古い棚やテーブルなどの什器が店内に使われていることがあります。新築の空間はピカピカして新しすぎる印象になりがちですが、古いものがそこに少し加わることで、不思議に印象が変わって、全体がしっとりとしてくる。それは古い建物のリノベーションをした時にも同じように感じたことで、ただきれいに直したのでは、折角時代を経た古いものが生かされなくて台無しになってしまうのです。ただし、古いからいいというのとも違って、なにもしない古いままだと、暗い印象もそのままで、そこに居たいと思わない、そして折角の改装が生きない結果になってしまいます。だからリノベーションはどこを直し、どこを残すのか、そのさじ加減のようなところが肝心であり、面白さなのだと思います。

ヨーロッパでは陶磁器の皿でも何でも、金属のフォークやナイフをかまわず使いますから、その表面が傷だらけになってしまいます。この二つのバットもきっと長く使われたのでしょう。器の見込み全体に、傷やシミがいっぱい入っていて、近くで見るとその傷がまるで版画や絵のように見えます。古い食器は、陶磁器の場合だと一度煮沸消毒すれば安心して料理にも使えると思うのですが、恐らく木の器だったら食器として使うより、もの入れとか、別の使い方になるかも知れません（素材やその状態にもよりますが）。木工の人間から見ると、そこはうらやましいところです（木も同じように煮るという手があるかも知れませんが、でもちょっと冒険）。

僕は料理をだすとき、新しい食器の中に、時々こうした古い食器を少し混ぜるような使い方をします。するとちょっと食卓に陰影のような、奥行きのようなものが出てくる。「生活骨董」というい方を最近は耳にしますが、それは恐らく鑑賞骨董に対する生活骨董といった意味で、古い食器や照明器具、家具などを、使うために買うようなことを言うのだろうと思います。時代を経た器には、新しいものにない魅力があります。そうした器を花器に見立て、摘みとったばかりのみずみずしい花を活ける。時代を経た道具類には、花がよく似合います。ただ古いものが多くなって、そればかりに囲まれると、今度は鬱陶しくなってくることがある。だから現代の工業製品や作家のものをうまく組み合わせて、籠った空気を抜いてやることも大切。肝心なのは使い方、楽しみ方なのだと思います。

ところで、丸皿などを作る轆轤という技術は、手仕事だけれども量を作るには向いていて、木工でも陶芸でも古くから使用されてきました。だから出回っている数も多く、それに比べて、このバットのような四角い皿や鉢はあまり多くはありません。でも、このかたちは意外に使い勝手のいいもので、料理をラフに盛りつけても具合がいいし、皿にきれいに料理を並べると、額縁の絵のようにきれいな盛りつけができます。それに、四角いテーブルの上に、丸と四角の鉢が並ぶ様子は、見ていて楽しいものです。だから僕もバット型の四角い器をよく作りますが、バゲットをただ切って並べてもきれいだし、お盆のようにも使うことができる。また漆で仕上げると煮物など汁気のあるものにもぴったりで、使い勝手のよいかたちだと思います。白い磁器のものは、写真の現像用バット（ホーローやプラスチックのものができる、その前の時代です）として日本でもたくさん作られました。小さなもの、深くて大きなもの。四角はものが収納しやすいので、見つけては買って、いろんな大きさのものがウチにもあります。

家ごはんと包丁

バブル期の日本は、なんだか国全体が浮ついていました。それほどでもない絵を高額で落札したり、内外の不動産を買い漁ったり、あまりいい印象じゃなかった。「なにかおかしい」と、好景気の影響も少ない地方から、僕らはさめた気持ちで見ていました。

それでも経済が豊かだったからこそ、できたこともあったように思います。それは多くの人が世界中のおいしいものを食べ、海外のレストランへも日本人シェフが修業に行って、日本人が「本当においしいもの」を知ったということです。元々あった日本料理の繊細な味覚がベースにあったこともあり、料理の水準は格段に嵩上げされ、和、洋、中から無国籍まで、食のバラエティーもとても豊富になりました。その後景気は悪くなり、それに人々も美食嗜好にそろそろ飽きてきた頃でもあったのでしょう、外食はたまにはいいけれど、度々だと飽きるし疲れるから、家に帰って「自分たちでごはんを作ろう」と思う人が増えていきました。もちろんこの頃から非正規雇用者や失業者が増え、所得も低下したので、それに生活水準を合わせる必要もあったのでしょうが。

家でのごはんだったら季節の野菜を中心に献立を考えれば予算も押さえられるし、腕前次第では毎日おいしいものが食べられます。「家のごはんが一番」嬉しいと思う人が増え、それに合わせて、器に興味をもつ若い人たちも多くなっていったのだと思います。家で料理を作るようになれば、食器に関心が向くのは自然なことです。二〇〇〇年代に入った頃から、そのようにして日々の暮らしを大切にする人が増えていきました。

「生活工芸」や「生活骨董」という言葉が使われるようになったのも、この頃からでした。それまで一部のマニアのものだった工芸や骨董を、生活者の側から捕らえ直し、生活の中で使えるものとして再発見しようとしたのでした。工芸なのですから、普段の暮らしで使えないのはおかしい。高価で、鑑賞用に偏ったそれらを、目線を低く、市井で生きる人たちのものとして、暮らしで楽しもうとしたのが、この時の動きだったのだろうと思います。

家でごはんを作るようになると、器もそうですが、台所道具もいろいろ気になり始めるものです。鍋釜に料理鋏やピーラーなど、台所道具選びはとても愉しいもの。なかでも基本の「キ」という道具を挙げるとすれば、それは包丁だろうと思います。包丁は料理人の命といわれるほどですし、その切れ味次第で味も変わってきます。木工の仕事でも彫刻刀や鉋など、刃物は一番大切な道具です。そして刃物は値段に嘘のないもの、値段が上がればそれに比例して切れ味もよくなるといわれます。だから刃物だけは惜しまず、いいものを使いたい。

僕がいま使っているのは、有次(京都)の「和心」という刃渡り六寸の三徳包丁です。とにかくこれは切れ味がすごいのです。例えばタマネギを切っても涙が出ないし、切る時引っかかりやすいトマトやピーマンの皮も、抵抗なくスッと切れる。これに出会うまで、いくつか包丁を使いましたが、一般によく使われているステンレスの包丁は、取り扱いは楽なのですが、切れ味が今ひとつで、あまり好きになれませんでした。また僕が長く使ってきたのは鋼の包丁で、これはもちろん切れ味はいいのですが、錆びやすくて、うっかりしていると、すぐ黒くなってしまう。毎日の総菜に使おうとすると、使った後の手入れに手間がかかり、ちょっと大変でした。ところが、この有次の包丁は刃は鋼で、それをステンレスで挟んだ三重構造でできています。だから鋼の切れ味はそのままに、刀身は錆びることがないのです。もちろん鋼部分の手入れは必要ですが、総鋼のものに比べればずっと楽。この包丁を手にしてから、本当に台所に立つことが楽しくなりました。

そんなわけで、家にいる時間が長くなると、その時間の愉しみ方をいろいろ工夫す

るようになってきます。それにしてもバブル時代もすでに二〇年以上前。ずっと家にいなかったお父さんたちは、いまはどうしているのでしょうか。

薪ストーブの着火材容器

　寒い朝、起きると真っ先にすることが、薪ストーブに火をつけることです。扉を開けて、灰の上に着火材を置く。最初の薪は細めのものを選び、隙間を空けて重ねて、ライターで火を着けます。ちいさな火が木に燃え移るまでは、寒いのを我慢してそのまましばらく待っている。火に勢いが出てきたところでようやく太めの薪を足し、また少し待って、それから蓋を閉めるのです。スイッチを押せばそれだけで暖気が出てくるエアコンとは違い、薪ストーブは子供をあやすように火を見守る必要がある。使用している着火材は、仕事のなかでふんだんに出る大鋸屑に、灯油を少し加えたものです。新聞紙は燃やすとタールが出るし、市販の着火材を使うのも不経済。幸い僕のところでは薪は端材を使い、大鋸屑も山ほどあるから、お金を出して買うものは何もないのです。冬の長いところに住んでいますから、光熱費が節約になるのはとても助かること。木工の仕事と薪ストーブは、無駄のない、よい関係なのだと思います。

　写真は着火材を入れるのに使っている容器です［48頁］。家や仕事場など、僕のところには薪ストーブがいくつもありますから、それぞれの横に、着火材が置かれています。白い磁器の容器は、かって手焙りに使われていたもの。買った時には口元にブリキ製の落としのようなものがついていて、そこに灰を入れ、赤く熾った炭を置いて使ったものでした。丸くて、底の部分が少しひしゃげている。求めた時には花器にでもしようかと思っていたのですが、あまり出番がなくて、むしろ毎日使った方がいいかと思い、着火材入れになってもらいました。

　もうひとつはイタリア・フィレンツェの蚤の市で求めた陶器の容器です。いつ頃の、なにに使ったものでしょう。塩壺なのかな。少しくすんだ黄色の肌と、ところどころ剝げ落ちて、赤くやわらかな地の土が見えます。これも飾って楽しむのがよかったのかも知れませんが、でも毎日手に触れ、親しむことの方がいいかと思い、着火材入れにしました。

　写真を撮る時、被写体に一歩踏み込み、近づいて撮ると、より迫力のある仕上がりになることがあります。毎日使うということはちょうどそれと似ていて、好きなものこそ身辺座右に置きたいと思い、ものとの距離を一歩踏み込んで縮めるということだと思います。

竹の買い物籠

　僕の車の中にはいつも竹籠が入っていて、買い物の時にはそれをお店に持って入ります。レジ台に置くと、店員さんがバーコードを読み取った品物を、直接きれいに籠に収めてくれるので便利なのです。レジ袋などない時代には、客が買い物籠を持参するというのは当たり前のことでした。その習慣がエコバッグとして今の日常生活に復活し、それに連れて竹籠も日用品として、多くの人に見直されているのではないでしょうか。

伝統的な手仕事のなかには、それがたとえ優れた技術であっても、残念ながら今の暮らしからは離れてしまい、「いいものだけど、でも使わないだろうな」と思うものもあります。例えば雪の日に蓑《みの》や菅笠《すげがさ》を使用する人はほとんどいないでしょうし、囲炉裏が無くなると、自在鉤もそれに掛ける鍋や杓子も使わなくなります。でもそんななかにあって、竹籠は十分に現役で活躍できる生活道具で、伝統的手工芸品のなかでも最優良選手だと思います。実際使ってみると、竹籠は瓶などの重いものや、食器のように割れやすいものを運ぶ時にも、適度にクッションがあり、しかも丈夫ですから安心して運べるのです。また料理が中に入った鍋や重箱を運びたい時にも、水平を保ったまま、こぼさず運ぶことができる。もちろん布袋のように、小さく折りたたんで仕舞うことはできませんが、その分すぐ手に取りやすいし、部屋に置かれている様子もきれいだから、日常の運搬具として竹籠は、とても使い勝手のいいものだと思います。

籠の産地は全国にありますが、これまで大分の日田や長野の戸隠、そして奥会津の三島町などを訪れたことがあります。特に戸隠は近いところなので時々行きますが、客から見えるところで、主人が籠編みしながら営業しているところが三軒ばかりあります。戸隠では、土地に産する根曲がり竹（チシマザサ）を使います。ただ籠編みの工賃はとても低く、「冬場はスキー場へバイトに行った方がずっといい」というぐらいで、それが後継者問題にも大きく影響している、と話していました。

福島県三島町へは昨年はじめて訪れる機会がありました。ここは籠の産地としても有名ですが、そればかりでなく、「生活工芸運動」を一九八一年より続けてきた町です。「生活工芸」という言葉を三〇年以上前から使っているところがあると、以前から聞いていたので、それもあって行きたいと思っていた場所でした。

生活工芸運動の提唱者は千葉大学の宮崎清さんでした。彼は民具調査のためにこの地を訪れ、その時伝統的な編み組細工が今も受け継がれるのを目の当たりにし、さらに自分たちで作ったものを実際に生活の中で使用している様子を見て驚いたそうです。自分が使うものは自分で作るという、かつては当たり前だった生活品の自給自足の暮らしが、この地では変わらず残っていたのです。その様子を目の当たりにした宮崎さんは「生活工芸」という言葉を思い付いたのでした。「生活工芸」、それは生活と工芸がひとつになっている暮らしの風景。こうした暮らしと工芸のありようは、日本人の生活文化を絶やさないためにも大切なことだから、これを運動として守っていかなければならない。そこで町に提案し、三島町での「生活工芸運動」は始まったのでした。だから三島町の「生活工芸運動」には、暮らしと、道具を作ることがひとつであった頃の、もの作りの原型のようなものを残したい、という思いがあった。現在のように誰が作ったのか判らないものに取り囲まれた暮らしや、経済効率や便利さばかりを優先して、ひとやひとの繋がりを軽視し、品質や内実を伴わないものに囲まれた暮らしをもう一度考え直す、というメッセージが込められていたのです。

三島町の生活工芸運動が残そうとした山村の暮らしは、戦後の近代化の中でほとんど壊れてしまいました。それは三〇年前にもすでに起こっていたことだから、三島町のメッセージは、そのまま今の僕たちの暮らしにも繋がっているのです。

三島町生活工芸憲章にある「家族や隣人が車座を組んで」というところは、ワークショップで一緒にものを作る喜びと重なるものだし、「みんなの生活の中で使えるものを」「真心を込めてつく」ることは、作った人の顔や、その暮らしが共感できるものを使いたいという僕たちの思いと、近いものだと思います。世の中はますます複雑になっていくけれど、だからこそ単純なものを求める気持ちも、さらに深くなっていく。人々の暮らしは、喰う寝るところ住むところがあれば足りるものだから、基本的にはとても単純なもの。何千年、何万年と変わらず続けてきたことだから、それを思えば、ここ一〇〇年の近代化も、ただ表面の意匠を変えただけ。そう思うと「生活」というのは、人間がずっと変わらず営んできたこと。そういう簡単には変わらないものの、別名でもあるのです。

生活を知らない

この鍋は一九六〇年代、デンマークのコプコ社で作られたものです。直径一七センチと小振りですが鋳物なので蓋も重く、ごはんを炊く時にちょうど良くて、いつも使っています。以前はお米を土鍋で炊いていましたが、小さな家の、小さな台所のこと、限られた収納スペースしかありませんから、鍋類もできるだけ一器多用にできないかと思っていました。それで土鍋が割れたのをきっかけに、鉄鍋に替えたのです。電気炊飯器はもちろん（?）ありません。だいぶ以前に、炊飯器から土鍋に替えました。電気炊飯器は高さもあって、棚にうまく収まらなかったので、使いながらもちょっと邪魔に感じていた、そんな時土鍋を使ってみたら思ったよりも早く、上手に炊きあがることがわかって、すぐに土鍋に切り替えたのでした。そんな風にして電気炊飯器から土鍋へ、そして鉄鍋へと、我が家のお釜は替わってきたのです。

ごはんを炊くということもそうですが、生活する中で、僕たちは小さな悩みと、その解決や工夫を繰り返しながら、自分たちの家にあった方法やモノを選び取っています。そこで起きるひとつひとつのことは、まさに米粒のように小さなことばかりですが、それでもはじめて土鍋でごはんが炊けた時は嬉しかったし、鉄鍋に替えた時も、うまくいかず火加減や水の量、蒸らしの時間などを、いろいろ試したりしました。それらのことは今でもよく覚えているし、日常茶飯のそうした小さな経験の積み重ねは、実は自分にとって、決して小さくないものだと思えるのです。

木の器を作る時も、暮らしのなかの経験が、自分の判断のベースになっています。要らないものを削り、本当に必要なものを残していくという取捨選択は、仕事の中でも常に要求されることですが、その判断の元にはいつも生活の経験がある。だからでしょうか、若い人と話をしていて時々戸惑うことがあります。例えば鍋のはなしをしても、相手が日頃から炊事をしていない人だと、どこか実感のところで距離があって、気持ちがすれ違う。ベースのところで共通する経験を持てないから、話のやり取りもなんとも頼りなく感じてしまうのです。

もちろん炊事をしているからいい、というのではありません。生活を知らない、ということは、「生活の手触り」をリアルに知らないということ。その生活実感が大切なのだと思うのです。

「どんなときにも、ひとは旅をしている。／何をしているときも、旅をしている。／旅をしていないときも、旅をできないときでも、／旅をしている。／目覚めての、朝の窓辺までの、ほんの数歩の旅。／古い木のテーブルの周りを行ったり来たりの、／ただそれだけの旅。」（『空と樹と』より）

これは長田弘さんの詩ですが、生活することとは、どこへも行かないまま、遠くに行くことだと思います。僕たちは家のなかに居て、ちいさなことを繰り返し考え、そして試しながら、ちいさな旅をしています。狭い台所を工夫し、気持ちよく家事ができるように考え、晩ご飯のおかずを考える。あるいは暮らしの中の何でもない時間や、ぼんやりと椅子に座って庭を眺めている時も。そんな日常の経験のなかでも、旅が自分を作るのと同じように、自分は作られていくのです。だから知らない場所に行くことだけが旅なのではない。自分が一番よく知っている家のなかに居ても、人は旅をしているのです。
だって生活は、一番長い旅なのですから。

赤絵の飯碗

米を主食とする日本人にとって、飯碗は最も基本的な食器です。いまは「朝食はパン」という家も多くなっていると思いますが、それでもまだまだ、ごはんが主食であることに変わりはないでしょう。炊きたてのごはんを口に運ぶと、おいしくてからだ中が満ち足りた気持ちになります。

お茶の世界には詳しくありませんが、茶の湯の中でも究極の美といわれるものに、井戸茶碗というのがあります。今は星のように高いところに輝く茶碗らしいのですが、でもこれはもともとは韓国の庶民が、普段に飯碗として使っていたものだったというのです。展覧会で見ただけですが、全体として外連味のない静かな姿で、それでいて高台や口縁の表情は豊かで、肌も胸を打つような奥深い色合いを持っていて、こうした一見地味な表情のものに最高評価を与えるお茶人の眼の正しさには、心から感心しました。それにしても井戸茶碗の話は、まるで近所の長屋に住んでいる親しい人が、実は将軍家の御落胤だったというようなところがあります。こういう話は歌舞伎なんかにもたくさんありますが、でも好きですね、この手のエピソードは。日本人好みの話だと思います。

さて、写真の赤絵の飯碗は内田鋼一さんのものです。知り合いのギャラリーから求めたものですが、普段使っている食器は無地ばかりなので、僕としては柄のある器は珍しいものでした。これまで唐津などの極端に単純化された鉄絵などには興味がありましたが、「器」と「絵」を僕は長い間切り離して考えてきましたから、使う食器も自然に絵のない「無地」が基本になっていたのでした。

内田さんの赤絵は、力の抜き具合がとてもよいと思いました。柄は花でしょうが、ただの印のようにあるだけで、かろうじてわかる程度に筆が抑えられている。また粗い素地と、掛けられた釉薬のマットな白の質感も、赤絵の線をよく引き立てている。いつまでも飽きのこない飯碗に仕上がっていると思います。

内田さんはこの飯碗を作るとき、赤絵とはどういう風にあるべきか、イメージがしっかりとあったのだと思います。そのイメージが、たいへんバランスが取れていて、かつ的確だった。そのイメージから赤絵の色合いを考え、筆致を考え、模様を考え、土を選び、釉薬とその使い方を工夫し、焼き方を考えている。かたちも使いやすく、少し薄作りにしているから手持ちの重さもちょうどいいのです。絵付のものは、その必然性が押さえられていないと、たとえ絵が面白くても、器に絵がちゃんとくっ付いていない感じになってしまいますが、そうした難しいことをさらりとやってのけているのです。

また生活工芸品ですから、価格の決め方も大切です。オブジェだったら価格はあってないようなものだと思いますが、日常使いの飯碗の場合はそうはいきません。生活の中から割り出した「適正」というものが、だいたいのところで基準としてあるのですが、そうした点においても、内田さんの飯碗は極めてバランスが取れていると思いました。

雑器は、何気ない普通のものが一番いいのですが、その裏には技術の蓄積や優れたバランス感覚、隠された作家性というようなものの支えが必要です。そのことをとてもよく体現した仕事だと思いました。

ピクニックテーブルとベンチ

冬の長い地方に住んでいるからでしょうか、穏やかに晴れて、外に居るのが気持ちのいいシーズンには、出来るだけ野外で過ごす機会を作りたいと思います。林の中のキャンプも好きですし、庭にテーブルを出して食事をすることも好きです。そんな自分の暮らしから、このピクニックテーブルとベンチは生まれました。

僕が野外好きになったひとつの理由は、長い間クラフトフェアに関わってきたことがあると思います。毎年そこで使うテーブルや椅子を買い足し、日除けのタープなどを増やしていって、そのうちに野外で使う道具類が揃っていって、いつでもピクニックができるようになっていたのでした。

くまのプーさんの「風の日おめでとう」ではないですが、風に吹かれていると、どこか気持ちが軽くなって、からだも生き生きしてくる気がします。松本のクラフトフェアは、旧制高校時代の古い木造校舎の建つ「あがたの森」という公園で開かれているのですが、そこはどこか懐かしさを感じさせる、僕の大好きな場所です。長く続けたクラフトフェアも数年前に離れ、今は同じ松本の、六九という場所に移動して、それでも変わらず愉しんでいるのですが、その日は、一年のうちでも一番多くの人に会うことになります。早朝、テントを張って、椅子を並べ、飲みものや食べものも用意して友人知人の来るのを待ちます。道具類もだんだん自分で手を加えるようになり、タープの支柱をアルミで作ったり、組み立てできるテーブルもいくつも作りました。そしてその経験から、自分が欲しいと思って作ったのが、このピクニックテーブルセットでした。

名前は「SUZUME」としました。天板の楢の色合いが雀の羽の色に、スチール脚の白が、雀のお腹の白と重なったところからの命名でしたが、このセットが庭に置かれた様子が、そこで遊ぶ雀のようであったら、と思ったからでもあります。

テーブルもベンチも、どちらも脚を折り畳むことができるので、車にも積み込みやすくなっています。野原に行ったら、草の上にシートを広げるのも楽しいですが、テーブルと椅子があったら気分がまた全然違ってくる。ドライブの途中で素敵な場所を見つけたら、荷台からこのセットを取り出して広げるのです。するとはじめて訪れた場所が、まるで自分の庭のようになり、その風景をただ見るだけとは違うかたちで味わうことができるのです。時には携帯用コンロでお湯を沸かし、ゆっくりと一杯のコーヒーを淹れる。雄大な景色を見ながらいただくその味と時間は、格別なものです。

道売りと小屋

八坪のちいさな小屋に暮らして二〇年になります。狭いけれど、人の暮らしに必要なものは最低限揃っていて、大勢の来客を受け入れることができない以外は、ずっと気持ちよく暮らしてきました。小屋暮らしの気持ちよさは、まず自分がヤドカリかなにかになって小屋を背負っているような、小屋がまるで自分の身体の一部みたいに思える、その一体感にあるでしょう。小屋は小さく、家ほどに内外を隔てないから、自分の皮膚は常に外に接しているように感じます。板子一枚ではありませんが、壁一枚、外の気配を感じることが、野営している時のような適度な緊張を生み、それが心地よさにも通じるのだろうと思います。それは一人旅をしている時に感じる、緊張と心地よさに通じるものでしょうし、また、はじめて一人住まいをした時に感じた、孤独と解放のような、自分の輪郭が明快に自覚できるような気持ちよさと、通じるものではないかと思います。

小屋を作るにあたって、僕が建築家の中村好文さんにお願いしたのは、「ひっそりと、ひと一人が住む小屋」というものでした。その時、そんな風に住む場所が必要だったからですが、でもせっかく作るなら、試してみたかったことも僕にはありました。それは、これから自分がものを作っていく上で、ひとの暮らしにとってなにが必要で、なにが必要でないかを、自分の身体や暮らしを通してリアルに知りたい、ということでした。基本的な機能以外をもたない小屋の生活は、やはり簡素を旨としますから、その生活空間にうまく馴染まないものは、無意識のうちに外れていくことになります。それを最小限住宅に暮らし、その生活実践の場から摑みたいと思ったのでした。

ある日、骨董店で欲しいと思う壺に出会いました。でも、やはり家が狭いですから、大きなものはまず躊躇するんですね。そして置かれた様子を想像してみる。置き場所、その周りの空間の余裕、それに小屋の内部の簡素さに似合うのか、などと思い浮かべてみるのです。そうすると多くの場合、考え直すという結論になってしまうのでした。でもそうした結論になるのは、ただ狭さばかりが理由ではない。小屋の暮らしにそれが必要かどうか、篩にかけられているのだと思います。そしてその判断を下すのは自分というより、小屋が答えを出してくれたような感じがあった。なんだか自分が小屋にしつけられているような、そんな実感だったのです。

僕の育った頃は、ちょうど日本の高度成長期でしたから、どんどん膨れ上がる一方の経済や、大量生産、大量消費に対してちょっと違和感を感じていました。どこか、自分が着膨れしているような感覚があったのです。だからそういう社会の流れから一度外れて、人の暮らしの原型のようなところから始めてみたいという気持ちを持ち続けていた。それが「小屋に暮らす」、ということに繋がっていったのだろうと思いますが、さらに遡って木工をはじめる前の、道売り（露天商）をしていた頃から、恐らく同じようなことを考えていたのだろうと思います。

二〇代の真ん中ぐらいまでは僕は劇団に所属し、それを辞めたすぐ後に、露店や、行商のようなことをして暮らした時期がありました。劇団員というのはどこか霞を喰うような、根無し草のようなところがありましたから、辞めた時、社会復帰するような、自分をリセットするような気持ちがあったのです。だからできるだけ元のところから、という気持ちが強くて、海で採れたものを町へもっていって行商する、というような、経済活動の原型のようなところから始めていきたいと思ったのでした。そうやって自分の足元をひとつひとつ確かめながら「ゆっくりと、ていねいに」暮らしたい。如才なく立ち振る舞うようなことはしたくない、と思ったのでした。

　ひとには、忙しいからつい「まあ、いいや」と飛び越え、やり過ごしてしまうようなことがあります。路傍に咲く野の花をつい見過ごしてしまうように、実は大切なことを取り逃しているようなことがある。だから自分の身の回りに起こるちいさなモノとコト、そのひとつひとつを（如才なく処理するのではなく）、できるだけていねいに受け止めて、暮らしていきたいと思ったのでした。でも「ていねいに」と書くと、今の生活本のなかでよく目にするフレーズと重なってくるので、なんだかちょっと恥ずか

しくなってきます。僕はその時、経済活動の原型のようなところにまで退行して、露店の商いをすることからはじめたいと思っていたので、今の生活本のやわらかな印象とは随分違うものだと思います。でも忙しさを理由に、暮らしが雑になるようなことはしたくない、あるいは、お金がないことを理由に、気持ちの貧しい暮らしはしたくない。そういう思いでは「ていねいに」暮らしたいという気持ちは一緒なのだと思う。不思議ですね、貧しさというものには、時代の違いがないからでしょうか。

　ひとの暮らしのなかで「経済」の問題は大切です。でも、ひとにとって経済はほんの一部に過ぎないということも事実。お金では買えないもっと大切なことは、実は身近に起こる小さなモノやコト、つまり「生活」のなかにある。僕は道売りや、小屋暮らしをしながら、ずっとそんなことを考えていたのだと思います。

2

「ライフスタイル」がブームである

井出幸亮

Kosuke Ide

編集者　1975年生れ

「二一世紀のマーケティング理論」として喧しく唱えられてきた「モノからコトへ」や「所有価値から使用価値へ」などといった尤もらしいキャッチコピーが、いずれも本質的には消費行動そのものの逓減を意味しない（消費の目的が変化しているだけ）ことに注意を払おう。

現代日本において人々の生活の行動様式の性向の変化は、徹底した資本主義をベースにした物品の消費活動を通して実現される。少々皮肉めいた言い方をするなら、ライフスタイルブームとは「〝ライフスタイルショップでモノを購入するというライフスタイル〟のブーム」であり、その演出において雑誌や書籍、インターネットなどを含めたメディアが強力な役割を果たしていることは言うまでもない。

『ku:nel』とそれをフォローする形で雨後の筍のごとく現れた「暮らし系」メディアにおいて多用された「ていねい」「あたたか」「緩やか」「自然」「シンプル」「昔ながらの」「手づくり」といった類のワードが指し示すものは、ある種の保守的価値観とも目されるものである。

そこには歪んだ外国崇拝や誤った伝統意識が混じっているものと思われるが、そういった歴史的、論理的整合性を無視して成り立つ「取り合わせの妙」こそ、ある意味では日本の伝統、「お家芸」とも言えるものであろう。

「ライフスタイル」がブームである。
などといった表現は本来的な語義からすれば「まったくナンセンス」と切り捨てられもしようが、より正確に言えばブームになっているのは「ライフスタイル」という言葉である。雑誌、広告、テレビやwebを含めたメディアやショップのキャッチコピーまであらゆる分野において、ここ数年の間に急速に「ライフスタイル」という単語が惹句として多用されるようになった。
……なんて社会学者のごとき俯瞰的視点でこうした現象をしたり顔で語るのも何となく気が引けるので最初に告白しておけば、筆者は前記のようなメディアの制作に（主に雑誌の編集や執筆という形で）関わり、ほんの氷山の一角とはいえこうした状況に「乗る」形である種のメッセージを発信し、流れに棹さしてきたものである。ま、これも一種の「参与観察」などと出鱈目な言い訳を用意し、あえて〝肌感〟のみで暴論を語る蛮勇を振るってみたい。

筆者のような立場にある者でなくとも、本書の読者であればこうした現在の状況にまったく無自覚でないと仮定して、膨大すぎる前提をすっ飛ばして言うなら、そうした現象がある種の消費行動と結び付けられているという点には納得してもらえるだろう。「ライフスタイルショップ」などの名称で呼ばれる「生活雑貨」を扱う大小の商店が東京を中心にして全国に相次いでオープンし、活況を呈していることはそれを裏付ける証左のひとつであり、〝ライフスタイル〟という言葉の氾濫の背後には、これらの商店などにおける物品購買活動の促進という動機があると言える。これは決して下らぬ〝勘ぐり〟の類ではない。「二一世紀のマーケティング理論」として喧しく唱えられてきた「モノからコトへ」や「所有価値から使用価値へ」などといった尤もらしいキャッチコピーが、いずれも本質的には消費行動そのものの逓減を意味しない（消費の目的が変化しているだけ）ことに注意を払おう。「我々は優れたエクスペリエンス（体験）を提供する」というかのスティーブ・ジョブズの至言も、強力な広報宣伝を駆使して付加価値を塗りたくったガジェットを大量に売り捌くブロックバスター的戦略がもたらす圧倒的な売上によって支えられていることを忘れないでおこう。何を大風呂敷をと思われるかもしれないが、ともかく現代日本において人々の生活の行動様式の性向の変化は、徹底した資本主義をベースにした物品の消費活動を通して実現される。少々皮肉めいた言い方をするなら、ライフスタイルブームとは「〝ライフスタイルショップでモノを購入するというライフスタイル〟のブーム」であり、その演出において雑誌や書籍、インターネットなどを含めたメディアが強力な役割を果たしていることは言うまでもない。

こうしたブームの端緒がどこにあったか。諸説あるとは思われるが、筆者としてはやはり、その「前段階」として二一世紀に入った頃に産声を上げ、広く浸透した「暮らし系」などと呼ばれるムーブメントにさしあたりの答えを求めたい。この名称そのものは未だメディアの中で定着しておらず、例えば古くは「アンノン族」「新人類」などのようなマーケティング的カテゴライズとして正しく認知されているわけではない。しかし、そうした事実はこのムーブメント自体の広がりや影響力の大きさを言下に否定するものではなく、むしろこの動きがあまりにも幅広い世代と地域を超えて拡散した総合的な生活様式（まさにライフスタイル）の「革命」とも言える変化であり、極めて横断的で捉えきれないほどの多様性、雑食性を孕んでいることを示唆しているのではないか。その全体像を描写するにはおそらく数百ページの紙幅が必要だろう。「暮らし系」ムーブメントの主体となり、その運動を牽引したのが主に（大人の）女性であったこと、この事実はいくら強調してもし過ぎることはない。このムーブメントを広め、リードした雑誌『ku:nel（クウネル）』（二〇〇三年創刊）のキャッチコピーは「ストーリーのあるモノと暮らし」。その内容が指し示すのは、自分の身の回りにあるさまざまな事物の中に「物語」を見いだすことで、日々の生活の中に肯定的な価値を発見しようというメッセージだ。『ku:nel』とそれをフォローする形で雨後の筍のごとく現れた「暮らし系」メディアにおいて多用された「ていねい」「あたたか」「緩やか」「自然」「シンプル」「昔ながらの」「手づくり」といった類のワードが指し示すものは、ある種の保守的価値観とも目されるものである。そこで行われるのは炊事洗濯、裁縫やしつらい、園芸、子育て、文芸活動などといった、主に女性が家庭での日常において伝統的に担ってきた活動の（再）提案であり、その一方でこれ見よがしの経済力や社会的地位の上昇、またはそれに繋がる、男性を惹き付けるためのセクシャリティへの志向といった攻撃性の高い価値観は（少なくとも表向きには）切り捨てられている。

　こうした価値観が、現代日本女性に広く受け入れられた（もちろんそれは一定量に留まり、その他の〝トライブ〟が無数に存在することも明記しておく）社会的背景について、一九九〇年代以後の日本の経済情勢の変化（バブル崩壊後の〝失われた二〇年〟）とテクノロジーの進化がもたらしたコミュニケーション環境の変化（携帯電話とインターネットの登場～普及）を挙げることもできるが、その二つがあれば二一世紀になって立ち現れた日本のどんな社会的現象も説明できてしまうわけで、さらに詳細な検討が必要になる。その探求は本稿の趣旨でないので「それはまた別のお話」とするしかないが、重要なことは、こうした「暮らし系」ムーブメントにおいて尊ばれてきた価値観が、大きな意味での「美」にかかわるものによって貫かれているということだ。それを有り体に「お洒落（粋）」という言葉で呼び替えても良いだろう。つまりそれは単なる日本女性の保守的・伝統的価値の復古ではあり得ず、むしろそうした古臭く代わり映えのしない日常生活の中に「美」を見出そうという革新的な価値提案であったわけで、ごく乱暴な言い方をすれば、「変化しない（上昇もしない）日常生活を隅々まで徹底的にお洒落に彩る」というある種のラディカルさこそ「暮らし系」ムーブメントの本質であると言えよう。

「暮らし系」の隆盛を支えたのは、前記のメディアに頻繁に登場する、多くのカリスマ的なロールモデルとなる女性たちであった。その多くは、スタイリストやショップオーナー、ファッションディレクター、料理家、フードスタイリスト……などといった人たちである。美意識（「センス」とも言い代えられる）に秀でた彼女たちの多くは、自宅ほかで営まれる自らの生活を積極的に公開し、多岐にわたる総合的ライフスタイルの提唱がなされていった。そうした活動によって普及を始めた、ある種の「〝美的〟生活改良運動」としての「暮らし系」がその性向ゆえ、雑貨、家具、衣類などの生活用品の推奨活動に結びつくことは自然な流れだった。前出のカリスマ的な女性たちがエバンジェリストとなる形で、愛用品や薦める品々がメディアによって大々的に取り挙げられ、それを入手したいと求める人々による市場が形成されていった。こうした現象の現場となったのは、「雑貨店」（あるいはそれに近いカフェ、ブティックなど）であった。多くの雑貨店はいわゆる「セレクトショップ」の体裁を取り、（主に店主による）独自の美意識を元に選ばれた生活用品を商品として扱う。ムーブメントの爆発的な広がりとともに全国津々浦々に裾野を広げたこの種の店舗において、前記のような人々を通して広報された商品は飛ぶように売れた。またこれらの動きが普及するずっと以前から展開していた老舗ショップを中心に熱狂的な人気を集める店舗も登場し、そのオーナーやスタッフの充分な検討を経て店頭に並べられた商品は高い美意識を担保するものとして、入手が困難になるほど（多くは大量生産の難しい手工芸によるものだった）の過熱ぶりを見せることになった。

　このような「個人の生活様式の表明が即、モノ消費における（美的な）選択の問題として現れる」という日本独自の消費コミュニケーションのあり方は、もちろん現代に始まったことでも、女性だけに限ったことでもない。六〇年代末〜七〇年代アメリカにおける資本主義社会に対する懐疑・抵抗を背景に持つカウンターカルチャーをベースに、「DIY」などのインディペンデントなライフスタイルへの意識改革を促す資料集として編まれた『ホール・アース・カタログ』に影響を受けた日本の編集者たちにより七五年に出版された『Made in U.S.A catalog』が、本家の意図とはほとんど真逆に「（美的感覚における）先進国」に対する憧れを背景に選ばれた「商品」がこれでもかと大量に掲載されたモノカタログの体裁を取ったように。またそれを前身として翌年に創刊された若者向け雑誌『POPEYE』が米西海岸を中心とした文化と物品を紹介し、その消費の快楽を徹底的に礼賛して社会現象とも言えるブームを巻き起こしたように。彼らはモノ消費を通じて新しい世代の価値観（それは生活の思想であり哲学でもある）を表現したのであり、そうした状況は現代に至るまでまったく変わらない「この国のかたち」なのである。

『POPEYE』が創刊され大流行した一九七〇年代後半〜八〇年代の消費社会到来を準備し、またその背景として人々の価値観を大きく変化させたもの、それは「若者という消費者」の発見であった。高度成長期を経て国民の多くが充分な可処分所得を得るようになったこの時代、一〇〜二〇代の男女が自由に使えるお金が増え、彼らの形成するマーケットに向けたビジネスが急成長を遂げた。そのひとつとして、これまで若年男性以上に未開拓であった「若年（独身）女性」をターゲットにして展開し、大きな市場を獲得し始めたのが、先に挙げた「雑貨店」である。

　そもそも、現在使われる意味での「雑貨」という言葉を定義したのは七四年にオープンした「文化屋雑貨店」というのが定説となっている。生活雑貨、ステーショナリー、ガジェットの類まで、従来別のカテゴリーとして捉えられてきた商品を一定の価値観の元に取り揃え、（しかもオリジナル商品も交えて）並列に販売するというスタイルはそれまでの専門店やデパートなどではあり得ない画期的な業態であった。七〇年代半ばにはアメリカのアイビーファッションをベースに衣食住すべてにおける欧米型ライフスタイルの普及・定着を目指していたヴァンヂャケットが、早すぎたライフスタイルショップ「オレンジハウス」を開店。ロンドンのハビタやコンランショップに学び、スーパーマーケットのように大きな店内を客が自らカゴを持って買い物をする大型店の先鞭をつけたが、同社は経営難から七八年に倒産する。

「雑貨」の本格的ブームが到来するのはそ

の少し後、八〇年ごろからとなる。八一年には渋谷パルコパートⅢに輸入雑貨店「アフタヌーンティー」、広尾に「F.O.B COOP」がオープン。翌八二年に西武百貨店池袋店にハビタ館、八三年に無印良品や六本木WAVEがオープンといった比較的大資本による展開の中で、「Zakka」（八四年）や「ファーマーズテーブル」（八五年）といった個人経営による、買い手との間によりインティメイトな関係性を構築していくショップも登場する。

　雑貨店の隆盛の傍らでその人気を演出し牽引したのは、当時台頭を始めた若い女性向けメディアの存在である。『POPEYE』創刊の翌七七年に同じ平凡出版（現マガジンハウス）から誕生した雑誌『クロワッサン』は「日常生活を通して考える・男の暮し方女の暮し方」をテーマしたニューファミリー生活誌として創刊された。また同社から『POPEYE』のスピンオフとして生まれた妹誌『Olive』が創刊されたのは一九八二年のこと。こうした雑誌の誌面で雑貨を大きく取り挙げ、魅力を伝えたその影には初期の「（インテリア）スタイリスト」の存在があった。この時期、大小店舗のショップオーナーたち、あるいは吉本由美や岩立通子らスタイリストたちの手によって、「雑貨」という新たなカテゴリーの開拓と育成が進められていった。

　こうした「雑貨」の購買層の形成は、経済成長による社会意識の変化を背景に子どもたちに個室が与えられたこと、また進学や就職によって一人暮らしを営む独身女性が増加したことと無関係ではないだろう。現在はエッセイストとして活動する吉本由美がスタイリストとして八〇年代半ばごろまでに刊行した初期の著書を読めば、当時のブームの大きさとともに、彼女たちが雑貨を通じて求めた価値観がほの見えてくる。その一冊である『暮しを楽しむ雑貨ブック八五ヶのすてきな物たち』（八三年、じゃこめてい出版）の内容は、自らの生活を豊かに彩ってくれる雑貨の品々をエッセイ形式で紹介するというスタイルで、現代まで続く「スタイリストのお気に入りアイテム」企画のはしりと言えるものだが、中でも最も印象的であるのは、吉本がそれらの品々の多くを「自分たちが切望しているにもかかわらず、身の回りに見当たらない（なかった）もの」として捉え、紹介している点にある。

「一〇代の頃、カフェ・オ・レにあこがれて」いた著者は一人暮らしを始め、フランス映画で見かけた「カフェ・オ・レ用どんぶり」（本書の中に〈カフェ・オ・レ・ボウル〉という単語は使われていない）を探すが、どこにも売っていない。「ひとつもない。不思議です。雑誌に質問が来るほどに、求められているのに、店には全くないなんて」と吉本はこぼすが、その三、四年後には友人からの「パリ土産」として次々に手元にやってきて、一気にゼロから五個に「高度成長の成金長者みたいに」増えた、というエピソードを語っている。そして、その〝どんぶり〟は今では「アフタヌーンティー」で好きなだけ買えるのだと。本書はこうした輸入雑貨の日本への流入の記録としても読めるのであり、そこから感じられるのは、こうしたスタイリストたちの美しいモノを発見し、手に入れ、そしてそれを広く普及させるまでの並々ならぬ努力、その「苦闘」の歴史である。現在ではともすると一〇〇円ショップでも入手できるかも知れない「ステンレスでできた何の飾りもない石けん置き」をミラノで見つけた吉本は、「これ外国雑誌で二、三度見かけたけれど、ドイツでもパリでも探せなかった」と大興奮した顛末を記している。ロサンゼルス郊外で見た、厚手の布に針金を通した可愛い形の「洗濯ばさみ入れ」の袋を買ってゴキゲンだと語り、「日本でもロープに引っかけて使うタイプはあるけど、みんな、プラスチックの果物かごってデザインでしょ。形悪いよね、正直な話」と嘆く。こうしたアイテムは、当時の日本の一般的な家庭ではまったくといっていいほど見かけることのないものだった。

　独立し、プライベートな生活空間を得た彼女たちが、実家の居間に鎮座するこたつ布団やら電話カバーやらといった生活感あふれるインテリアを離れ、お気に入りのフランスやイギリスの雑貨に囲まれた部屋で自らのセンスや趣味を表現する自由を手に入れたことは日本の雑貨シーンの大きな成立要因となったが、さらに興味深いのは、そこで選択されたアイテムの多くに大量生産性や実用性といった「道具」的感性が見られることである。吉本は入浴後に足を拭くバスマットについて、日本で広く売られる毛足の長い派手な色使いのものを挙げ「あのフカフカも止めて欲しい。お姫さまじゃないんだから」と忌避し、「アフタヌーンティー」が輸入している薄手のフランスのホテル用足拭きがいい、と薦める。外国の封筒や紙袋などに使われる安い紙のザラついた質素な感覚が好きだと言い、「日本ではそうはいかない。最近やたらと紙が上等になってきて、なんでもかんでも高級風でしょ」「もちろん、安いものもある。しかしなぜか可愛くない。安いものなど、どうでもいいって考えなのかな」と日本におけるモノの質の問題に鋭く切り込む。欧米のものたちは「日本のように、粗質だから高級っぽく見せかけました、なんてセコイところがなく、いさぎ良くて、好きだなあ」。エプロンに至っては「エプロンって、嫌いだ。家庭、主婦、小さな幸福……の象徴のようで嫌い」「最近のエプロンの在り方に腹が立つのであります。カラフル、柄付き、フリル付き……やめてくれー、気持悪いよ」とやや強い語調で批判し、「エプロンは仕事着」であるのだから「魚河岸のオニイサンが愛用している業務用エプロン」の使用を薦めたい、と書いている。

　こうしたエピソードに象徴されるように、当時の彼女たちが求めたものの多くが「(主に欧米の)〝普通の人々〟が使う大量生産品や業務用の道具」の類であったことは、現代のライフスタイルブームまで続く歴史を紐解く上での要諦と言える。そして、こうした道具（実用品）に対して美を認める感性を、古く茶道や民藝といった日本独自の美意識とつなげることもできよう（実際、すでにこの時点における雑貨の世界では民藝的アイテムを取り合わせるセンスも含まれている）。「F.O.B COOP」オーナー益永みつ枝によってフランスの安価な耐熱強化グラス「デュラレックス」が初めて輸入され、現代に至るまでの定番的な大ヒット商品となったという「伝説」はよく知られる。そのそっけないほどシンプル、無骨なほどインダストリアルなデザインは、前世代的な価値観を持つ男性たちが妻や娘に求め、押し付けてきた凡庸な「可愛らしさ」や「上品さ」を拒否し、親や夫の庇護から独立して生活する新たな世代の女性たちの価値観を体現するものだったと言えるだろう。

　輸入雑貨の流行がさらに大きな一歩を踏み出す要因となったのは、八五年の「プラザ合意」以後の急激な円高である。九〇年まで猛烈に拡大し続けるバブル経済のトリガーとなるこの円高は、それまで狭く閉ざされていた海外からのリアルな情報と物品の爆発的な流入をもたらした（当然ながら海外旅行者も一気に増加した）。八八年にキャリアOLをターゲットに創刊した情報誌

『Hanako』(マガジンハウス)はそうした時代を象徴する存在と言えるだろう。この時代に、「フランスパン」は「バゲット」になり、「スパゲッティ」は「パスタ」になった、と言えばその雰囲気を少しは摑んでいただけるだろうか。輸入雑貨に対する需要と供給も止めどないバブルを迎え、カントリーアンティークにアジア雑貨、リゾートスタイルなどなど多種多様なジャンルの雑貨店が開店。それが九〇年代以後の雑貨シーンの布石となるのだが、これもまた「別のお話」とするしかない。

自らの生活空間の中でモノを「選び/合わせ/使う」ことで、暮らしを自分なりの感性で彩ること。日本人にとって価値観の表明がモノの消費を通じて行われると仮定するならば、当然ながら「美」そのものもまた、既成のモノの中から「何を選ぶか」という形で規定していくものとなる。「セレクト」という言葉も九〇年代以後のファッションやカルチャーを扱う雑誌や広告の現場で多用される重要な単語だが、モノの「創り手」と「受け手」の間に立つ「選び手(セレクター)」の存在が極端にクローズアップされるという現象は、日本の「美」にまつわる文化史を考える上で非常に重要なポイントである。そこに古くは千利休の完成した侘び茶、柳宗悦の起こした民藝運動、白洲正子や青山二郎らの骨董蒐集に至るまで脈々と流れ続ける、「暮らしの中にあるモノ(実用品)に美を見出す〝眼〟」の存在を見出すことも不可能ではないだろう。前記の〝偉人〟たちから藤原ヒロシや伊藤まさこやソニア・パークら現代の「目利き」たちに至るまで、すべて通常の意味での「創り手」ではなく、「選び手」と呼んで差し支えない、などとまとめてしまえばまさに「暴論」に過ぎるかもしれないが、こうした「セレクター」こそがある種の美意識(センス)を提起し、大衆をリードしてきた存在であることは一定の首肯を得られるものと信じる。

「セレクト」とは「選ぶ」と同時に、「合わせる」ことも意味する。二〇〇〇年代以後に勃興し拡大した「暮らし系」のムーブメントで支持を得たアイテム群を、既成のデザインやインテリアのカテゴリーの文脈から見た場合、その内実は意外なほど多様である。西欧と和のアンティーク、北欧やアメリカのモダン・デザイン、民藝を含む手工芸品、アノニマスな大量生産の実用品からアート的な一点モノまで、かなり高度なレベルのハイブリッドが行われていることは間違いない。こうした状況に至るまでには、これまで書いてきた(それもほんの一片でしかない)日本独特の「雑貨史」が存在するわけだが、このようにドメスティックで閉じられた環境下で行われる「差異化」のゲームから生まれたハイコンテクストな感性について、あえて極言するなら、茶の湯の開祖・村田珠光が「和漢の境を紛らかす」と呼んだ茶道のコンセプトに通じていると言ってみたい。そこには歪んだ外国崇拝や誤った伝統意識が混じっているものと思われるが、そういった歴史的、論理的整合性を無視して成り立つ「取り合わせの妙」こそ、ある意味では日本の伝統、「お家芸」とも言えるものであろう。そして、かつて日本のアニメやファッションなどのサブカルチャーがそのハードコア性(極端なまでの内輪ウケ的感性)において国境を越えてその魅力を伝えたのと同じ形で、今、「暮らし系」のムーブメントもまたある種の世界性を獲得しつつあると言える。現代の「ライフスタイル」ブームとはこうした文化構造をベースにした逆輸入的な現象であり、「暮らし系」と「ライフスタイル」という地続きの両ブームを分かつボーダーはそこ（コンテクストのグローバル化）にこそあると筆者は個人的に定義している。その詳細についてもやはりまた「別のお話」とするしかないが、これまで雑誌や書籍、カタログなどの制作を生業にしてきた筆者は、世界の少なくない国での取材やリサーチ、個人的な交流を通して、「雑貨」というある種の「美」にまつわる日本独自の文化を支える感性とその可能性に思い至ることが多かったことを書き加えておきたい。日本人がなぜこれほどまでに「モノ好き」なのか。これほどまでに「美」を消費し続ける国民は、世界中を探してもまず見当たらない。その事実を批判的でない視点で再検討することから出発すれば、本当の「クール・ジャパン」の向かう先が見えるだろう。

3

私の仮説ですが、近代日本の工芸は

広瀬一郎

Ichiro Hirose
西麻布「桃居」店主　1948年生れ

二〇〇〇年代というのは三谷龍二さん、安藤雅信さん、赤木明登さんといったスター作家の一〇年だったわけですが、同時に、それをささえたファンたちの一〇年でもあり、そこにはとても幸福な共同体が形成されていました。二〇一〇年から三年間、金沢21世紀美術館でひらかれた「生活工芸プロジェクト」展は、そうした共同体による美しいみのりのかたちだったのだと思います。

客観的にはものが売れない時代ですから、作り手も売り手もきびしいことは事実です。それでもあえてこの仕事をえらび、きびしさ、つらさを「よろこび」に転化できる人々がつづければいい。よい時代になると思います。

私の仮説ですが、近代日本の工芸はだいたい三〇年間をひと区切りに、トレンドの入れかわりがあったように思います。その三〇年のあいだに、登場し、普及し、ピークをむかえ、権威となり、次のトレンドに交代するといった変遷がみてとれます。今回のテーマである「生活工芸の時代」は一九九〇年代から二〇一〇年代でしょう。そのまえは一九六〇年代から八〇年代、さらにひとつまえは一九三〇年代から五〇年代です。

一九三〇年代は昭和初期にあたりますが、その時期に、いま私たちが個人作家とよんでいる工芸の作り手が登場し、社会的にも認知されました。いわゆる桃山復興の陶芸家や民藝の作家たち、魯山人もそうですね。この第一期（一九三〇―五〇年代）に活躍した作家たちは、いまからみると大物ぞろい、文化的エリートですが、彼らの作品を受容する側も実業家や素封家など、経済的エリートでした。一九五四年に人間国宝の制度が生れ、陶芸では石黒宗麿、荒川豊蔵、浜田庄司、富本憲吉、漆芸では松田権六、高野松山が指定をうけます。一九五〇年代は第一期の作家が権威化され、おさまるべきところにおさまった時期でした。

第二期（一九六〇―八〇年代）になると個人作家の数はぐっとふえます。伝統工芸系、日展系、前衛系など幅もひろがりました。私の印象では加守田章二さんや八木一夫さん、鯉江良二さんなどがこの時代のスター作家です。受容者のほうも大企業のサラリーマンや中小企業の経営者といったクラスにひろがり、作り手も受け手も大衆化した時代でした。社会全体も高度成長期で、そうした上げ潮の気分が作り手に影響をおよぼさないはずもなく、個性的で熱く力づよい表現が人気でした。

一九九〇年代に入るとバブル経済の崩壊があり、成長型から成熟型へと社会の風潮もかわります。生活工芸の作家たちが登場し、受容された背景には、そうした社会の変化があったのだと思います。生活工芸のピークはやはり二〇〇〇年代だと思いますが、そのはじまりの二〇〇〇年前後になにがあったかというと、まず二〇〇〇年に東京国立近代美術館工芸館で「うつわをみる　暮らしに息づく工芸」展がひらかれています。これは近美の展覧会としてはかなり異色で、黒田泰蔵さん、内田鋼一さん、赤木明登さんなど、生活道具に近い仕事をしている作家をとりあげたものでした。そして二〇〇一年には『芸術新潮』が「骨董の眼利きがえらぶ　現代のうつわ」という特集を組みます。選者に坂田和實さんと大嶌文彦さんが入り、坂田さんは安藤雅信さんや内田さん、大嶌さんは額賀章夫さんや上泉秀人さんらの器を推薦しました。二〇〇三年には雑誌『クウネル』と『天然生活』の創刊があり、二〇〇四年には松本市美術館で坂田さん、山口信博さん、中村好文さんによる「素と形」展がひらかれています。私の業界周辺をみても、いまにつづくうつわショップ、うつわギャラリーの多くが二〇〇〇年前後に開店した印象があります。さらにいえばナガオカケンメイさんのD&DEPARTMENTや中原慎一郎さんのPlaymountainもそのころのオープンですから、トレンドとしての「生活工芸」と「ライフスタイル」ブームはほぼ並行していたことがわかります。

二〇〇〇年代というのは三谷龍二さん、安藤雅信さん、赤木明登さんといったスター作家の一〇年だったわけですが、同時に、それをささえたファンたちの一〇年でもあり、そこにはとても幸福な共同体が形成されていました。二〇一〇年から三年間、金沢21世紀美術館でひらかれた「生活工芸プロジェクト」展は、そうした共同体による美しいみのりのかたちだったのだと思います。それはいっぽうで生活工芸の形式化、権威化も意味したと思いますが、ある現象を整理して歴史的に位置づける試みは、もちろんわるいことではありません。

いま思えば、生活工芸の作り手も使い手も、主役はバブル世代でした。仕事や生活がバブル的ということではむろんありません。あの大量消費時代を通過した彼らが、その経験をふまえて暮しの内側に眼をむけ、ほんものとはなにか、質の高い消費とはなにかを模索し、提案したのだと思います。そうした「生活工芸の時代」を第三期（一九九〇―二〇一〇年代）とすれば、このあと、二〇二〇年代のメインプレイヤーはバブルを知らない世代です。彼らは消費にたいしてとても慎重で、身のたけにあった暮しのなかで、必要なものだけをえらび、愛着をもってつかいきることをよろこびとする。作り手のほうもいまはまだ三谷さん、安藤さん、赤木さんらの影響がつよく、「暮しの道具」という一方向ばかりむいている印象がありますが、今後はさまざまなレイヤーにわかれてゆくと思います。日用の食器であっても作家性、個性のつよさをうちだす作り手もいるでしょうし、無署名的、プロダクト的な発想でものつくりにはげむ人も出てくるでしょう。あるいはすでに伝統工芸の分野で超絶技巧にいどむ若手もいて、私は新鮮に感じています。

それから、暮しのなかにあるものなのだけれど、用の道具ではないもの。たとえば渡辺遼さんや高田竹弥さんがつくる小さなアートピースのような、これまでの美術概念ではくくりきれない作品をつくる作家が出てきていて、第四期（二〇二〇―四〇年代）は、いま三〇代の彼らが主役になるだろうとも思っています。そうすれば工芸と美術の境界があいまいになるし、両者の上下意識もうすれるでしょう。一期から三期の作家たちは西洋近代の美術概念をたえず意識していました。生活工芸の作家たちもそうです。二〇二〇年代以降の作り手は、日本の近代以降はじめて、そうしたコンプレックスから解放された作家たちになるはずです。明治以前には美術や工芸といったジャンルの別はなかったわけですから、そうした日本の美の元来のありかたへの回帰ともいえそうです。

私がこの店をはじめたのは一九八七年です。第二期の陶芸にたいする違和感からはじまったおぼえがあります。そのころからつきあいのある作家は川淵直樹さん、花岡隆さん、藤塚光男さん、村木雄児さんなど、私とほぼ同世代で、彼らも八〇年代に権威化した陶芸家のありかたや工芸作品の流通のしかたに疑問をいだいていました。あのころ、有名な作家の個展会場はおもに百貨店の美術画廊で、主力商品は茶陶や花器、壺など。食器はつけたしあつかいでした。それなのに五客揃で桐箱に入れて一五万円とか。それはおかしいだろうと。

作家との出会いはさまざまでした。興味をもった作家の個展に足をはこび、そこでの会話からつきあいがはじまったり、作家が作家を紹介してくれたり。お客さまから教えられたこともあります。休日はだいたい作家まわりの日々でした。開店当初はいまのように個展はひらけず、一〇人から一五人くらいの作り手の器をあつめた常設です。八〇年代末はバブルの絶頂期ですが、桃居はずっと赤字で、そのころ並行して経営していたバーの売上をこちらにまわしてなんとか家賃をはらっていました。桃居が赤字経営から脱したのは九〇年代に入ってからです。

店をはじめて二〇数年、編集者的な感覚で作家とつきあってきたように思います。おなじタイプの作家ばかりで目次をつくらず、いろんなタイプの作り手、作品のリアリティに眼配りすることがおもしろい。いまは工芸のトレンドの大きなかわりめで、すぐれた若手が新しい物語とともに登場しつつあります。むろん日本社会全体をみれば、人口減と社会保障の不安、一〇〇〇兆円をこえる国の借金など、多くの不安をかかえています。消費のしかたも劇的にかわるでしょうから、作り手や使い手だけでなく、私たちのような売り手の意識もかわらざるをえません。人気作家の作品ならどの店に置いても売れたような時代はおそらくもうこない。今後は、だれから、どのように買うのか、それが消費者にとっての大事になるはずです。作り手だけでなく、売り手もえらばれる時代になる。新しい才能の発掘だけでなく、見落されている才能の再発見も必要でしょう。客観的にはものが売れない時代ですから、作り手も売り手もきびしいことは事実です。それでもあえてこの仕事をえらび、きびしさ、つらさを「よろこび」に転化できる人々がつづければいい。よい時代になると思います。

このところ耳にする機会が

小林和人

Kazuto Kobayashi

吉祥寺「Roundabout」「OUTBOUND」店主　1975年生れ

個人作家が増え、脚光を浴び、街に住む私たちの食器棚に手仕事の器が行き渡るような状況になってきた反面、様々な場で物づくりを下支えしてきた職人の減少や高齢化の話は到るところで耳にする。

いま叫ばれている「生活工芸」とは、もしかしたら、都市や郊外に暮らす、ある一定の豊かさを享受する層に向けての言葉なのだろうか。

Roundabout

このところ耳にする機会が多くなった「生活工芸」という言葉。それが具体的に何を指すのか、実のところ深く理解している訳ではない。恐らくは人々の暮らしを中心に据えた物との関わりを再点検する試みとして、作り手、伝え手、使い手それぞれの立場へ投げ掛けられた問いの様なものだと解釈している。

喜怒哀楽と共に私たちが日々の営みを重ねるのが「生活」という大きな掌の上だとしたら、「工芸」という響きには、掌中で慈しむ身近なものを連想する一方、美術館や博物館の陳列台の上に祀られる遠い存在を思い浮かべてしまうのも事実である。

雅趣および技巧を追求するあまり、庶民の暮らしから乖離してしまった感のある一部の工芸を、時折、いわゆる伝統工芸展などの場で見かける事がある。それらは技術の伝承という側面においては評価すべき部分もあるのかもしれないとは思いつつも、やはり縁遠さが先立ってしまう事は否めない。

「生活工芸」という言葉の響きには、此岸を離れて遠くへ流れゆく「工芸」を、「生活」という投げ縄によってぐっと使い手側に引き寄せようという意図も感じるが、果たして現状は如何であろうか。

この十数年の工芸の動きに関して私自身決して明るい訳ではないが、その発表の場が旧来型の公募展や百貨店の催事、そして産地の手仕事を中心とした品揃えの店舗だけに留まらなくなり、クラフトフェアの盛り上がりや個人ギャラリー増加の傾向も相まって、作り手が独立して活動しやすい状況になってきているという印象は受ける。そして、その動きと連動する様に作家志望の作り手が年々増えている様な気がしている。

個人作家が増え、脚光を浴び、街に住む私たちの食器棚に手仕事の器が行き渡るような状況になってきた反面、様々な場で物づくりを下支えしてきた職人の減少や高齢化の話は到るところで耳にする。また、クラフトと呼ばれる分野に注目が集まって来ている割には、自然と寄り添い、その土地ごとに受け継がれてきた固有の知恵を活かす物づくりは、もはや少数派になりつつあるということは残念である。

いま叫ばれている「生活工芸」とは、もしかしたら、都市や郊外に暮らす、ある一定の豊かさを享受する層に向けての言葉なのだろうか。

かくいう私自身も自然の恵みあふれる環境での暮らしには憧れつつも実際に居を移す覚悟は無く、利便性に流されて、東京の武蔵野という都会とも田舎ともつかない場所で商売をしている。私の最初の店、「Roundabout（ラウンダバウト）」は、その店名が意味する環状交差点の様に「様々な背景を持った物や人が行き交う場所」を目指して一九九九年の夏に創業した。開店当時は工場生産のプロダクトが商品の多くを占めていたが、徐々に個人の作り手による手仕事の品物の割合が増えていき、二〇〇八年に開店させた二つ目の店、「OUTBOUND（アウトバウンド）」では、別段意識していた訳ではなかったものの、気付けば手仕事の物が中心の品揃えとなった。

前者では業務用のステンレスバットや軍の放出品といった、日常使いを念頭に置きつつ機能美が核となる品物を多く扱っており、後者においては、やや非日常に針の振れた、見立ての余白を残した物が少なくない。その共通項は何かといえば、それは我々の生活に何らかの「用」をもたらしてくれるという事なのかもしれない。

「用の美」という言葉に代表される「用」といえば、即ち「機能」の事であると解釈される傾向が強い様に感じる。確かにそれは一義的な意味で言えばそうである。しかしながら、実は「用」には二つの側面がある、というのが私の考えである。

まず一つは、「目に見える具体的な機能」。つまり、その物が果たす物理的な役割である。コップを例にとるならば、水を注ぎ、それを保持して口まで注ぐという一連の動作を実現させる可視的な働きである。

もう一つは何かと言えば、「目に見えない抽象的な作用」である。この物が傍にあると落ち着きが得られる、或いは逆に背筋が伸びるという経験は、多少の差はあれ誰にも心当たりがあるかもしれない。これらは決して数値化される事はないが、だからといってその存在を否定し切れるものでもないだろう。人の所作に対して道具が与える無意識的な影響や、一見すると機能を前提としていない様に見えるオブジェの様な造形物が受け手の心にもたらす働きというのも、一つの「作用」であるといえるのではないだろうか。

デンマークの心理学者が考案した「ルビンの壺」という、白と黒で塗り分けられた絵がある。中央に描かれた白い壺の図から視線を逸らし、両端の黒い背景である地の部分に焦点を合わせると、向き合う二人の人間の横顔の図が現れ、それまで壺として認識していた図は、瞬時に白い背景、つまり地としての認識に変換される。

もしかすると、「用」における二つの側面である「機能」と「作用」は、ルビンの壺の絵における図と地の関係の様に、受け手の捉え方次第でいかようにも反転し得る関係なのではないだろうか。

私の店では、実際にこんなことがあった。二〇一三年の初夏、「用の図と地」展と題して、熊谷幸治・冨沢恭子・渡辺遼の三者による、機能を前提としたものと、そうでないものを並列に扱うという内容の展覧会をOUTBOUNDで開催したときのエピソードである。

熊谷氏が出品した作品を、インド出身の男性が購入した。器の形状をしているが水留めの処置を施していない事を彼に伝えた所、「僕はこれはお皿として使うのではなくて、土が身近にあった故郷を思い出す為に手元に置いておきたいんです」と彼は答えた。一方で、音楽家の顔を持つ友人が「今度、演奏に使ってみようと思って」と言い、振ると涼やかな音が鳴る水切りの石の様な渡辺氏の鉄の作品を求めて帰った。

前者の場合、器に土の記憶を呼び覚ます作用が立ち現れ、後者の場合、見立てによって石の様な造形物に新たな機能が生まれた。図と地ならぬ、機能と作用が反転した瞬間がそこにあったと言っても大袈裟ではないだろう。

この二つの出来事もあり、道具として作られた物も、オブジェ的な造形物も、いずれも「機能」と「作用」両方の要素を胚胎しており、どちらの方向に分化し開花するかは受け手の関わり方次第である、という考えは私の中でより強まった。

ここで一度、生活工芸という言葉に立ち戻って考えよう。本来、人と物との関係性について考えを深めるならば、機能面での物的関係のみならず、作用面からの心的関係という両側面から論じる事が理想なのではないかと思う。しかし、ここ数年での生活工芸の提唱の中で具体的に取り上げられる物というのは、美しさを評価の基準にはしつつも、あくまでも何らかの機能を前提とした道具である様な印象を受ける。

いま、伝え手としての立場から生活工芸という投げ掛けに対して申し上げたいのは、機能を前提としない抽象度の高い造形物の存在も視野に入れ、道具と並列して紹介し

渡辺遼作品

熊谷幸治作品

ていくという姿勢こそが、今以上に重要になってくるのではないだろうかという事である。

　ただ、それらの造形物を「オブジェ」と言い切ってしまうのには葛藤もあり、昨年の暮れに開催した第一回「作用」展という企画展の案内葉書には、「人々の意識的な営みと無意識の領域との境に置かれた結界石であり、或いはそれらを繋ぐ窓であり、多様な見立てにより変容する種子」と表現した。

　それらをどう呼ぶのか折にふれて考えてはいるが、呼び名が定まった途端に理解してしまった気になる事も気をつけなくてはならない。尤も「生活工芸」という命名自体、同様の危険を孕んでいる事は忘れてはならないが。

4

昨年はパリで二度

安藤雅信

Masanobu Ando
陶芸家／多治見「ギャルリももぐさ」店主　1957年生れ

ギャルリももぐさ

生活工芸に思想とよぶべきものがあるとすれば、ジャンルや時代といった縦割の概念で語られるばかりだった工芸に、「生活」という横断の視点をもちこんだことだと思います。

昨年はパリで二度、グループ展に参加しました。フランス人の作家やパリ在住の日本人にきいたところ、このごろあちこちの広場でクラフトフェアがひらかれるようになったそうです。現代美術をあつかうギャラリーでもやきものの展覧会をおこなうなど、ファインアートとアプライドアート、つまり美術と工芸ですが、その垣根が低くなっている印象をうけました。世代でいえば団塊ジュニアで、おそらく彼らの感性は日本もフランスもあまり差がないのでしょう。身のまわりにこんなものがあったらいいなという感覚でものをみていて、美術か工芸かなんて気にしていません。そしてそうした感覚の最先端は日本にあるという意識らしい。とくにやきもの、器。

日本のいまの「生活工芸」がそのまま海外で通用するとは思いません。僕のものではコーヒーカップや石鹸置きは大丈夫ですが、プレート、平皿はむつかしい。イタリア人のデザイナーに、僕の器をみせて「あなたの国の一七世紀の皿をベースにつくったものです」といったら、「どうみても日本の器ですよ」といわれました。そもそもむこうでは、ゆがんだ皿を日用でつかうことはない。皿を何枚かかさねて真横からみたとき、きちんと長方形になること。それが洋皿なのでしょうね。

ミニマリズムという言葉、僕らもよくつかいますが、欧米と日本では内実がかなりちがいます。ドナルド・ジャッドの作品がよい例ですが、工業製品の箱をならべて、正面からも横からみても箱のラインがまっすぐになる。あれが彼らのミニマリズム。そこにはバウハウス以来の、プロダクト礼讃、手仕事の否定という心性があるように思います。

七、八年まえに三谷（龍二）さん、赤木（明登）くん、内田（鋼一）くんと僕で、工芸の雑誌をだそうとしていました。誌名の第一候補は「生活工芸」。でもけっきょくまとまりませんでした。まとまらなかった理由をふりかえると、考えの差は、ジャンルのちがいから生じたような気がします。漆・やきものと、木工・ガラス、その両者では歴史意識がちがうのです。共通していたのは八〇年代バブル期の工芸作品のありかたにたいする「反」の思いでしたが、漆・やきものの場合、闘う相手がほかにもたくさんいました。伝統工芸、日展、オブジェ、民藝、クラフトの作家たち……。「闘う」とはそうした先達があまたいるなかで、自分たちの場所をつくるために試行錯誤するという意味です。いっぽう木工・ガラスは日本ではまだ五〇年ほどの歴史だから、権威と闘うという図式になりにくいのでしょう。そうした、ちょっとした立ち位置のちがいが作家たちのあいだにあり、まとまりませんでした。

じつはふだんの食卓で陶器、土ものの器を多くの人がつかうようになったのは近年のことです。それまでは工業製品の磁器が日用品で、来客時などに土ものの和食器でもてなす程度でした。かわったのはバブル期で、世界中の食材が手に入るようになり、食生活が多様化し、食卓の光景もかわりました。だから僕をふくめ生活工芸の作り手たちは、反バブルでありつつ、バブルの恩恵をうけているともいえます。

生活工芸に思想とよぶべきものがあるとすれば、ジャンルや時代といった縦割の概念で語られるばかりだった工芸に、「生活」という横断の視点をもちこんだことだと思います。それはすでに骨董界では坂田和實さんがおこなっていたことだし、そもそもは六〇年代にはじまるサブカルチャーの流れをくむものです。だから生活工芸は、やきものとか漆とか、あるいは器とかオブジェといったくくりで考えても理解しにくい。建築や音楽、ファッションといった他ジャンルとくらべるとわかることが多いはずです。

〈消費社会から離れて、「もの」と人とのかかわりを新しい世紀に向かって考え直したいというのが開廊の動機です。着る・食べる・住むという生活の基本から見つめた美術・工芸の在り方を、企画展と常設で御紹介していきたいと考えております〉。これは一九九八年にギャルリももぐさ（百草）を開廊したときの挨拶文の一部ですが、その初心はいまもかわりません。百草ではやきもの、食器だけでなく、服や布、紙のものまで生活道具全般をあつかっていますが、はじまりは自分たちの暮しでつかいたいものがない、それなら自分たちであつめよう、ということでした。そのいっぽうで生活道具のためだけの店にはなりたくないと思っていて、「ここはショップではなくてギャラリーです」といいつづけています。その意味は、大袈裟にいえば時代をかえるような企画展を打ちたいということ。たとえば最近は服飾メイカーのミナ ペルホネンの展覧会をひらいたりもしますが、ただの販売会にはならないように、デザイナーの皆川明さんとやきものでコラボレイションしたり、百草オリジナルの布をつくってもらうなどして、彼らのふだんの仕事とはちがう面をみてもらうようにしています。

やきものにもメインカルチャーとサブカルチャーがあります。音楽にたとえればクラシックとロック。オペラは公演前日に主役が風邪をひいても、代役がでて舞台は上演されます。それは基礎技術がなにより大事なジャンルで、演者の個性が占める要素はおそらく一割もないからです。でもミック・ジャガーが風邪をひいたらライブは中止になる。サブカルは技術よりも個性、味が大事なのです。生活工芸はサブカルですが、かといって技術をないがしろにしているわけではありません。超絶技巧をめざさないというだけで。たとえば片口や醤油差しの口からもれないとかね。

工芸のサブカル化の嚆矢は柳宗悦でしょう。西洋のハイアートが全盛の時代に、あえて無名の陶工の仕事がすばらしいといったのですから。世界の文化史において日本がほこるべき思想だと思います。ただし柳がその思想を説くためにもちいた「用の美」という概念、言葉にはしばられたくありません。美は機能美だけではないからです。

僕がいいなと思うやきものは、長次郎や光悦、あるいは小山冨士夫にしても、素材・アイデア・技術のバランスがとれているものです。三位一体というか、どれかひとつがめだつことがない。もちろんヘタウマではありません。でも技術だけでもない。共通するのはたたずまいのよさです。僕が食器でやろうとしているのはそこで、茶道具のようなハレの器だからこそゆるされた味のようなものを、日用の器にもちこんでみたのです。

うちであつかっている作家たちによくいうのは

大嶌文彦

Fumihiko Oshima

西荻窪「魯山」店主　1954年生れ

器によって暮しがどうこうなるなんて、そんなきれいごとは
口にしたくないんです。

僕はデザインされたものに感動したことがない。作家たちには、デザインするな、頭のなかでかたちをととのえるな、といっています。

魯山

魯山

このあいだある陶芸家の個展のDMがとどきました。みると皿にオムライスがのっている。失礼だなと思いました。客がまず知りたいのはどんな器か、でしょう。それがオムライスみたいなどうでもいい料理でかくれていてみえない。

うちであつかっている作家たちによくいうのは、おまえたちが相手にする客は、すでに食器棚いっぱいの器をもっている人たちなんだと。しかもみる眼があるとはかぎらない。「○○さんの器ありますか？　いまない？　じゃあさよなら」ですからね。ほかにもこんなに器があるのに。むかしは去年尺皿を買った人が、今年のほうが仕上りがよいからとおなじ尺皿を買ってゆきました。もうそういうことはほとんどありません。だからおなじものをつくっていても売れない。切口をかえないと。

売れている作家にはあちこちから声がかかるから、展示会をどんどんやるようになります。年に一〇回とか。そうすると頭がはたらかなくなって、アイデアが出なくなり、おなじことをくりかえすようになる。そしてだめになります。個人作家は技術より発想が大事なのに。職人とちがうのだから。

僕は作家に、○○をつくるなとはいいません。オブジェでもいい。展示会はお祭りですから。客がほんとうに気に入って買ってくれたのか、なんとなく買ったのか、その差にヒントがかくれている。未完成でもいい。むしろ未完成のものを僕にみせられるくらいの精神の持主とつきあいたいですね。作り手はなにより精神がタフでないとつづきません。いまの時代、技術が下手だから売れないということはないんです。

この器には冷奴を入れてほしいとか、具体的なイメージがあってつくったものは売れますよ。買った人がじっさいにどうつかうかはべつとして。

いまあつかっている作家は一五人くらい。すくないほうだと思います。展示会はだいたい月に一度、気に入ったものは買いとります。委託はきらいなんです。売れなきゃ返品すればいいなんて、そんなぬるい仕事はしたくない。商売なら勝負しないと。

このごろはなにか店をはじめようとするとき、たとえばカフェならカフェの本を買ってきて、どこかの店のまねをしますね。それだとつぶれますよ。僕が店をはじめたのは三〇年まえですが、青山と原宿のブティックをみにゆきました。ショーケースの高さ、幅、奥行を参考にした。

僕が食器屋になった理由はかんたんで、もともとガラス食器の卸問屋につとめていたんです。デパートで売っているような。その会社が和食器の店を出すことになり、その初代店長をまかされた。場所は新宿で、まだ二〇代でした。作家物もあつかっていましたが、おもには有田の磁器で、産地に出かけて仕入もしていた。子どもが生れていなかったら会社をやめなかったと思います。そういうとたいてい「逆では？」といわれますが、たとえば自分の子どもが大きくなって大学にゆきたいといいだしたとき、この会社にずっといたままでその希望をかなえられるかどうか、僕には自信がなかった。

器によって暮しがどうこうなるなんて、そんなきれいごとは口にしたくないんです。現代ものも古いものも、買って売って、の世界にいるから。僕が三〇年間食器屋をつづけることができたのは、この仕事を商売とわりきっているからだと思います。暮しとか幸せとか、そんなきれいごとではもちません。今日はじめてきた客で、現代美術の仕事をしている女性らしいけれど、僕が

書くDMの文章がいいといってくれました。もちろんうまくはないけれど、なにより作家のものを売るために必死でもがいていることがつたわってくるって。うれしかった。

『芸術新潮』の座談会（二〇〇一年四月号特集「骨董の眼利きがえらぶ　現代のうつわ」）に参加するまえ、額賀（章夫）に「白磁をやるならいまだ」といったんです。それから二、三年やりとりして、あの特集が出る直前にようやくかたちになった。白磁ブームがくると思ったのは、商売人の勘です。そのころ、知識よりも感覚でものをみて買う人がふえてきていました。白磁はわかりやすいですからね。

僕はデザインされたものに感動したことがない。作家たちには、デザインするな、頭のなかでかたちをととのえるな、といっています。生活工芸の人たちと大きくちがうのはそこでしょうね。彼らは頭でつくっている気がする。僕の考えは「ととのえるまえにつくれ、未完成でいいから出せ」ですから。そうしないとものにちからがなくなる。

いまの作り手でよくないと思うのは、ほかの作家のことを知りすぎている。きっとウェブでみるのでしょう。人気の作家、作品を意識することで、知らず知らず影響をうけて、つくるものがどこか似てしまう。そもそも「売れている」ということが出発点になったものづくりでは、たいしたものができません。

若い作家には古いものもみてほしい。なぜならそこに器の完成形があるからです。たとえば元禄の伊万里や瀬戸の石皿など。古いからよいわけではない。あるかたちがずっとつくりつづけられてきたことには理由があるはずです。つかい勝手のよさとか、流行を追っていないとか。それがヒントになるし、そうした食器をめざしてほしい。

僕が店をはじめたころといまの大きな差は、客がコレクターではなくなったことです。そば猪口一〇〇個あつめてどうするの？　というのがいまの考えで、気に入ったものが数個あればいい。しかもそれもめずらしい柄をほしがるわけではなく、あくまでも自分が気に入った柄がほしいんです。市場からマニア、コレクターがいなくなり、珍品だからといって売れなくなりました。それはいまの客が、器を生活全体のなかの一要素としてみているからです。

うちには若い客もよくきます。僕も若い子と話すのは好きです。今回の取材があるので、そんな子たちと生活工芸の話をしてみました。きびしかったですよ。つくりごとみたいとか、営業でしょうとか。僕はそれはいいんです、おたがい商売だから。僕がだめなのは生活工芸の人たちが商売のことを語らず、きれいごとばかり語るところ。暮しとか、幸せとか。

このあいだある陶芸家の個展のDMがとどきました。みると皿にオムライスがのっている。失礼だなと思いました。客がまず知りたいのはどんな器か、でしょう。それがオムライスみたいなどうでもいい料理でかくれていてみえない。ほんとうの器好き、料理好きは、皿の写真をみて、そこにどんな料理を盛ろうかって空想するのがたのしみなのに。そしてそういう人が、ほんとうにものを買ってくれる客なんです。

5

ひとつ、エラソーな文章でも書きたいものだと

坂田和實

Kazumi Sakata

目白「古道具坂田」店主　1945年生れ

ナーンダ、ナーンダ、各美術館所蔵の超有名品や著名数寄者の旧蔵品も、はっきり言ってしまえば、日頃ウチで使っているおなじみのモノの仲間、ただの日常工芸品じゃありませんか。

ひとつ、エラソーな文章でも書きたいものだと、まずは「生活工芸」を辞書でひいてみた。「生活苦」なんて言葉は載っているのに「生活工芸」はナシ、ということはこの言葉、そう古くからのものではなく、せいぜい十数年前から使われ始めた、まだ若い言葉らしい。私自身は永く、同じような意味で「日常工芸」という言葉を使ってきたし、私より前の世代の人達が使う「荒物」や、若い人達の「雑貨」というような言葉を全部混ぜ合わせ、それに少しの洗練を振りかけたものがこの言葉の、今の定義に近いような気がしている。しかし、言葉は生きモノ、使われてゆくことで大きく輝いたり、やせ細ったり、深くなったり軽薄になったりと、揉まれ、変化してゆく。今はこの言葉にナチュラル系のカッコヨサや、あるいは難しい工芸理論を重ねる流れもあるけれど、私はそんなモノはイラナイ、知らんフリしてホットケば、いずれこの言葉も形が固ってきて、定義が見えてくるに違いない。

　さて一方の「骨董」という言葉、これは更にワケガワカランモノ。マスコミや一般社会では盛んに使われているものの、当の古物を商う業界では不人気で、価格の高いモノを扱う人達は「古美術」といい、大きくて安いモノは「古道具」という分類。ちょっと前までは、人前で「古道具屋です」と言うのは少し恥ずかしかったけれど、今や、ファッションやデザイン業界から若い人達が続々とこの世界に参入し、「アート」という言葉に負けないくらい「古道具」という言葉はモダンな響きを持つようになりました。ちなみに、広辞苑では「骨董」を「稀少価値あるいは美術的価値のある古道具」としています。ハイ、世間様ではその通りです。

　かつて、二〇〇六年に渋谷の松濤美術館で、「骨董誕生　日本が愛した古器物の系譜」という展覧会が開かれました。室町以降の日本を代表する骨董品と、それを選択し所有した人を重ね、日本人の美意識の中心にあるもの、その選択の基準とは何なのか、を探し出そうという壮大な、大上段に構えた展覧会でした。まだこの企画が準備の段階の時、学芸員の方が訪ねて来られ、展覧会の最後の部屋「骨董最前線」を担当してくれないかという話。これは骨董という怖い世界を知らない人だけができる無謀な申し出、頭では、いよいよ公立の美術館もこんなトンデモナイ事をやってのける時代になったのか、オモシロイと思ったものの、私の持っているモノといえば、ボロ雑巾やその辺りに落っこちているようなガラス瓶等の大安物ばかり。とても日本の骨董を代表する超有名品と同じ土俵には上がれない。よくある話のように、甘い言葉に誘われて、後は地獄へ一直線、と、ついついこちらも及び腰。しかし、冷静に考えてみると、展示中の会場にいても、罵声を浴び叱責を受けるのは担当学芸員。そう気が付くと気持ちもスーッと楽になり、よし引き受けよう、そしてやるからには、世のヒンシュクを買うくらいの過激さで、と決意しました。

　初日のオープニングパーティは背広を持っていないのでとお断わりしたのですが、平服でも大丈夫だよと諭され、館の入口までは行きました。が、黒塗りのハイヤーの列。またまた腰が引けてしまい、三〇分程附近を徘徊してようやく意を決して入館。最初の部屋は「わび茶の革命」、細川家伝来の唐銅細頸花入や刷毛目茶碗「残雪」、次の「茶の湯の名物」の部屋には益田鈍翁旧蔵、蒔絵厨子扉と蓮弁残欠、「民藝の発見」の部屋には柳宗悦が見出した赤絵丸文繋ぎ鉢。その後も青山二郎、小林秀雄の旧蔵品、続いて秦秀雄、白洲正子、安東次男さんと来るのですから、日本の超有名骨董品と超有名数寄者のオンパレード。立派な身なりの紳士淑女もそれらの前では皆興奮気味。私の担当「骨董最前線」は出口の横の最後の部屋、この酔いしれた人達がこの部屋に入ったらどうなるのか、非難ゴウゴウくらいならまだよいけれど、これはマズイ、身が危ないと思いコソコソ逃げ帰って来ました。ちなみに私の展示品は、家の近くのイタリア食堂でもらった使い古しのまな板や、ホーロー製弁当箱、拾った鉄のワッカ、洗濯バサミに、朝鮮のシラミ取り用受け紙なんていう無茶苦茶なものばかり数十点。知人に会場で会っても、自分のモノを展示していると言い出す勇気は、とても私にはありませんでした。

　それから数週間後、気を取り直して朝一番で入館、誰もいない静かな会場で、既成の価値観という色メガネを外し、モノにくっついている肩書や旧蔵者の名前を無視し、ひとつひとつをじっくりと眺めました。そして、難しくて厳めしい名を付けられている展示品を、自分の家で使っている言葉に置きかえてみると、アレレ、刷毛目茶碗「残雪」は、ウチではお茶漬け茶碗、唐銅細頸花入はただの一輪差し、蓮弁残欠は仏様のカケラ、赤絵丸文繋ぎ鉢は漬モン鉢。ナーンダ、ナーンダ、各美術館所蔵の超有名品や著名数寄者の旧蔵品も、はっきり言ってしまえば、日頃ウチで使っているおなじみのモノの仲間、ただの日常工芸品じゃありませんか。日頃から、自由な眼で、自分の責任でモノを見、選びましょうなんて言っていますが、いざいつもと違う立派な舞台に立たされると、私自身も既成の価値観や権威によりかかってしまって、全く気弱で困ったもんです。そこでもう一度、今度は所有者が想定していた建築空間に展示品が置かれた場面を想像しながら見てゆくと、利休は侘びた茶室、柳宗悦は骨太の民家、小林秀雄や白洲正子さん達は立派な御自宅。そこで各々が選択し、所持したフツーの日常工芸品は、見事に実力を発揮して空間と調和しています。建築空間あってこそのモノの選択なのです。これ見よがしの技術的完成度の高さや原材料の豪華さ、稀少性を誇ったり、どうだと言わんばかりの自己表現の強いモノを選ぶのではなく、むしろ控えめで、他と調和して静かな美しさを生み出すモノを、鍛え上げた熟れた眼で掬い上げる。つまりモノと建築空間の取り合わせ、これこそが日本人の美意識の芯と言い切ってもよいでしょう。そして、取り上げ続けられてきた控えめで静かなモノとは、明確な用途のために、我々の日常とより添うべく作られてきた生活工芸品であったということです。

　こうして見てくると、他国では一段下の位置しか与えられていないモノが、この国では一等賞と評価されているのですから、日本というのは不思議な面白い国。中国や西欧のように一度は文明の頂点に立った国々では、人為の限りをつくした作品が美しいという評価からなかなか逃れられないのですが、幸運にも日本はこれらの強国から海で隔てられた、絶好の位置にあったのだと教えられたことがありました。美の基準が技術的完成度の高さという考えは、ワカリヤスイ、でも幼稚といえば幼稚。だからこそ世界中に拡がって、お金持ちの方々が大変好むものでもあります。

　さて、丁度この「骨董誕生」展の最中に、プロダクトデザイナーの深澤直人さんとジャスパー・モリソンさん監修の「スーパーノーマル」展が開かれていました。御二人が美しいと思って選んだモノは、もちろん著名なデザイナーのプロダクトもあるので

寒川義雄の飯碗

すが、大方は企業内の無名のデザイナーによってデザインされた、なんともない日常の、普通の、ギリギリの必然性（民藝では「用」という）によって作られたモノ。消しゴム、アイスクリーム用木製スプーン、あのグリーンと黄色のヤマト糊、ゼムクリップ、そしてデジタルカメラはリコーGR、音響はボーズ社製。参りました。楽しかったし、それ以上に羨ましかったですネ。会場は若い人達で熱気ムンムン、一方、我が「骨董誕生」展はオジサン、オバサンばかりで閑散。二つの展覧会を見て、悔しいなー、またとない良いチャンスだったのになーと、とても残念に思いました。もし、この二つの展覧会のあいだに、現代の作家達が作る生活工芸品を入れ、その全てをひとつの会場で、連続したものとして見せたなら、それはこの四〇〇年間に日本人が何を美の基準として、モノを作り、選び出してきたかを明確に示すことができたのに、と思ったからです。戦国時代の大名物《おおめいぶつ》といわれるものから現代のプロダクトまで、日本人の美意識の中心にあるモノは、日用を目的とした普通の生活工芸品であり、そのナントモナイモノをナントモアルモノに変えてしまう眼の自由さ、深さを示すことができたのに、本当に残念、惜しかった。しかしこの企画は将来誰かがやらなければなりません。それは我々日本人のためばかりでなく、今それを一番待ち望んでいるのは西欧の人達なのです。世界の美意識をリードしてきたと思っているこの人達は今、自分達の作った基準に疑問を感じています。それを解決するヒントは日本の美の基準にあるのではないかと、多くの人が考え始めているのです。

　ところで、美しさはその人の感受性の範囲内でしか受け取ることができないと言われています。美しさに対して鉄のような固い信念なんて要りません。せいぜい私は、若い人達が作り出す工芸品から刺激をもらい、変身変化しながら、感受性を柔らかく、深く、広くしてゆきたいと思います。それはまた、物を作り出す人達のためにも、私達使い手側が成熟してゆかねばならないということを意味します。

　さてと、先日、根津美術館で国宝の大井戸茶碗「喜左衛門」を見てきました。三重の箱に普段は仕舞われているそうです。展示ケースの前で皆、息を殺して見入っていました。ゴクロウサマです。ところでウチで使っている飯茶碗とどちらが美しいかと、恐れ多くも考えてみました。ハッハッハッ、たいした違いはありませんよ、しょせんどちらも土でできている茶碗ですもの。ただし、アチラの方は少しカビらしきものが生えて汚れていましたヨ。それに、ウチの方が飯茶碗としては使い勝手がよさそうなんですワ。

「生活工芸」にかぎらず、このごろの作家さんは

木村宗慎

Soshin Kimura

茶人　1976年生れ

利休形もふくめ、茶の湯の道具は「用の美」では語れません。
あれらは舞台装置の小道具です。

茶の湯の茶碗でなぜ高台が大事なのかといえば「みる」からです。

井戸茶碗の高台　木村宗慎著『利休入門』より

「生活工芸」にかぎらず、このごろの作家さんは「うつわ」といういいかたをしますが、私には違和感があって、「食器」でいいのに、といつも思います。

無印良品の高級化が「生活工芸」という面はあると思います。はたからみているとコンセプトがおなじです。それでそのさきに利休の茶の湯がある、といわれたりもしますが、それはない。

そもそも、ふだんどんな食器をつかっているかなんて他人に語ることではないでしょう。たとえば釣好きのおじいさんがいて、釣竿はえらびぬいていたけれど着るものは無頓着だった。無印良品や生活工芸のよさというのは、そういう、とくにえらぼうという気持がないものに、それをつかっておけばそれなりにかっこうがつく、という便利さではないでしょうか。

茶の道具のほとんどすべてに利休形があります。それはいわば、茶の湯における無印良品です。ベーシックなもの。なにがあってもつかいたいと思える道具がないとき、利休形をえらんでおけば無難。そういうものです。

利休形もふくめ、茶の湯の道具は「用の美」では語れません。あれらは舞台装置の小道具です。つかいたいものであればたとえつかいにくくても、つかいやすいようにみえるようにつかう、という美学です。

茶の湯も生活工芸も「ケ」の「ハレ化」ということでは似ているのかもしれませんが、生活工芸の人たちはそのことに自覚的でしょうか。いうまでもなくハレ化したケはハレですから、茶の湯にもはやケはありません。

生活工芸の作家さんたちがつくる茶の湯の茶碗をときどきみますが、飯碗とのちがいがわからないことが多い気がします。まず高台が茶碗らしくありません。茶の湯の茶碗でなぜ高台が大事なのかといえば「みる」からです。茶の湯をやる人で道具がきらいな人はいない、という前提でなりたっているのが茶事なので、のんだあと茶碗をいじりまわすように鑑賞する。それにたえうるだけのいろいろなみどころがあってほしい。たとえ見立ての茶碗でも、高台にみどころあるものをのこしてきています。いくら全体の姿がよくても、高台がよくなければ安物です。茶の道具としては。

金沢21世紀美術館の「生活工芸プロジェクト」の図録、それと瀬戸内生活工芸祭の本をみて、モデルハウスのようだと感じました。きれいではありますが、私はこの空間には住めないと思いました。マンガが置けない。コンビニの袋も。人間の暮しというのはもっとなまなましいものでしょう。茶の湯もきれいごとですが、それは自覚したきれいごとであって、どすぐろいものと表裏です。

えらぶことが大事といい、しかもエンドユーザーにそれをもとめるなら、価格をもっと上げればよいのにと思います。昔の人のほうがよほど真剣に生活用品をえらんでいたはずです。なぜなら高かったし、買えば一生つかいつづけるものだから。いまは安価で、しかもつかいすてのものもたくさんある。そんな状況で、ほんとうに真剣にえらんでほしいのなら、情緒的な言葉をかさねるより、価格を高くするほうがたしかだと思います。

じつは「えらぶ」という行為は、バランスを欠くことだと思うのです。私は中学のときに茶の湯を志したのですが、田舎育ちで、お茶の家に生れたわけでもないので、時間もこづかいもすべてを本についやしました。かわりものだったと思います。それはいまもさほどかわらなくて、そうしたアンバランスな生きかたをしているものからみると、生活工芸の世界はバランスがよすぎる。

私がかっこいいと思うのは永井荷風の晩年。最高の数寄者だと思います。生活道具を手のとどくところにおいて、エログロ雑誌とフランス語の原書、食べかけのうどんと資生堂のアイスクリームがともにあったりして。生活工芸的ではない、優等生的ではない潔さを感じます。

咲く花になぜひかれるかといえば、自然のなかできわだつものだからでしょう。ふつうではないもの、アンバランスなものの魅力です。暮しのゆたかさというのも、プレーンな日々にときにおとずれるハレのよろこびがあってこそではないでしょうか。白い地は、一点の紅を生かすためのものだと思います。

6

美術大学受験には、石膏デッサンは

山口信博

Nobuhiro Yamaguchi
グラフィックデザイナー　1948年生れ

二〇〇〇年代半ば、気がつくと書店の工芸関係や生活系の本や料理本のコーナーは「白い本」ばかりになっていた。

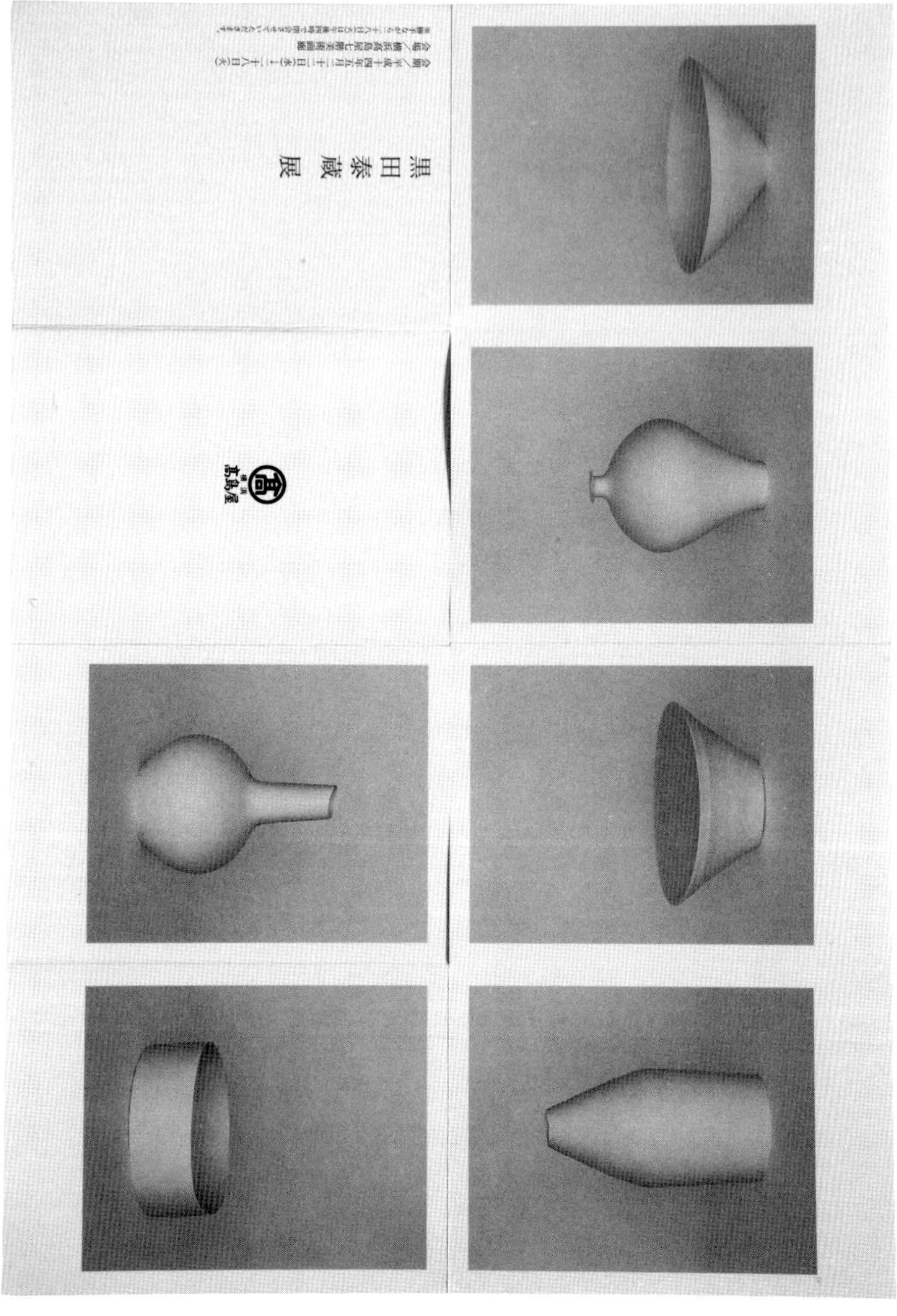

「黒田泰蔵展」DM　デザイン｜山口信博

美術大学受験には、石膏デッサンは必須だった。デザイン学科の受験生は、水張りをしたケント紙に、３Ｈ位の硬い鉛筆から３Ｂ位の柔らかい鉛筆を使いわけ、白い石膏像をデッサンすることを学ぶ。

　大きな窓が北側にとられたデッサン室は、白い空間である。そこに据えられた石膏像も白い。北向きに大きく窓が開いているのは、太陽光が石膏像に直接あたらないようにするためと、一日中自然光が安定して入るからだ。

　そのデッサン室で、午前中の三時間を使い、月曜日から金曜日までの五日間、合計一五時間をかけて一枚の石膏像をデッサンする。たしか土曜日が講評の日だったと記憶する。一年は約五〇週あるので、結果的に年間五〇枚の石膏像のデッサンを描くことになる。

　だから月曜日の朝は、石膏像に対して自分が得意とする好きな角度の場所を取ろうと競争になる。朝寝坊などして出遅れると、まちがいなく石膏像の正面の、順光の席しか残っていないことになる。

　順光の席でうまく描くには、ハイライト光の中の微妙な白の色味のちがいを見分ける力と、それを描き分けるデッサンの技術が必要だ。まだ事情がわかっていない初心者か、何年も浪人をしている猛者が挑戦するように陣取る場所になる。

　受験のために美術研究所に通い始めて最初に出くわしたのが、その順光の場所だった。石膏像はただ〳〵真白くしか見えなかったので、像のアウトラインを描いて提出し、講評の時に指導教官から漫画みたいだと酷評され、皆の失笑を買ってしまった。

　結果的に浪人生活が長くなり、その間ずっと白いデッサン室で白い石膏像を見続けることとなった。デッサンは上達しなかったが、お陰で物を見続ける根気と物を見る力は養われたのかもしれないと思っている。見る力とは、感受性と分析的な知性を合わせ持つことである。どちらが欠けても見る力にはならない。

　その浪人中に手元に置いて愛読していたのが北園克衛の詩であり、北園克衛が主宰する同人誌『vou』であった。高校生の時に『vou』は手にしていたが、毎号、リアルタイムで神田神保町の東京堂で購入して読みふけっていたのはその頃である。

　旧態依然たる石膏像の写生にはげむ一方で、北園克衛や同人の詩は難解だったが、ちょっとシニカルで明るいニヒリズムに満ち、アンチヒューマンな『vou』の世界は都会的でカッコいいと思っていた。アメリカ文化一辺倒な時代の中で、オルタナティヴにヨーロッパの香を放っているとも思った。毎号の『vou』の、北園克衛が後記に書いている現代美術や現代音楽に対する寸評や海外の新しい芸術の動向を読み、展覧会を見に行ったり音楽を聞きに行くキタゾニストにすっかりなっていたのである。

　モダニズムの白の背後には、西欧の近代的な自我への懐疑と解体があることや、同時に平安時代の継色紙の散らし書きに見られるような日本の特殊な余白への美意識が普遍性を持つことなどをもぼんやりと考え出していたような気もする。出口の見つからない浪人生活という現実の中にありながら、バランスを欠いていたが、芸術の最先端にふれていたことになる。結果的に、そのアンバランスに長い間苦しむことにもなるのである。

　北園克衛の最初の詩集は『白のアルバム』（一九二九年）、生前最後の詩集が『白の断片』（一九七三年）である。一九六〇年、スイスの雑誌『スピラーレ』八号のコンクリート・ポエトリー特集に「単調な空間」の一節を発表し、これによって北園克衛は、詩人として国際的にその名を知られる存在となる。

単調な空間

白い四角
のなか
の白い四角
のなか
の白い四角
のなか
の白い四角
のなか
の白い四角

北園克衛は晩年、松岡正剛とデザイナーの杉浦康平との『遊』八号誌上（一九七五年）の鼎談で自らの詩業を振り返り、引き算の前進だったと述べ、引き算の果てに骨だけになるのだと語っている。また、この「単調な空間」の詩は、白い正方形の中に白い正方形を描いたロシアのシュプレマティスム（絶対主義）のカジミール・マレーヴィッチの作品にインスパイアーされたものであるとも告白している。

漢字の「白」を白川静の『常用字解』にあたると「象形。白骨化した頭蓋骨の形。風雨にさらされて肉が落ち、白骨になったされこうべの形であるから、『しろ、しろい』の意味となる」とある。

浪人の頃のデッサン室での経験とキタゾニストとしての白への偏愛が、その後の余白や、地と図、陰と陽、正と負、天と地などの二項が相即関係にあるという思考への接近を促すことになったにちがいない。もちろん「折形」の活動もその中に含まれるのだろう。

紆余曲折の末、何とかデザイナーにはなったが、現実の仕事は初学の頃の志とはほど遠く、ただ〳〵消耗していくだけだった。相変わらず現実との折合いがつかないでいた。たまらなくなり、会社勤めを辞めてフリーとはなったが状況は変わる訳ではなく、ほとんど失業状態だった。

もう一度すべてを白地還元《タブラ・ラサ》し、初心にもどろうと考えていた頃（一九九〇年後半）、陶芸家の黒田泰蔵からＤＭのデザインを依頼された。それは本当に幸運なことだったと、今は思う。黒田泰蔵も試行錯誤の末、白磁の器を作り始めたばかりだった。

当時、器の撮影の仕方には定石があった。黒い背景地を使い、サイドからのライティングによってドラマチックに器を造形として演出したり、グレーのバックを用いて、テクスチャーや色を説明的に撮影したりする方法である。場合によっては料理を盛るなどして、使っている場面を演出したりもされていた。

しかし、黒田泰蔵の白磁に見られる、轆轤の回転運動から生まれた張りのある造形は、説明的な旧来の撮影方法を拒んでいると思った。挽きっぱなしの口作りは鋭く危ういが、それが黒田泰蔵の特徴である。そこには、土を挽いた手が器から離れた瞬間が見えるように存在していた。その口作りにピントをあわせ、被写界深度を浅くし、見る人の意識をそこにフォーカスさせようと考えた。

さらに白磁に対して白バックとし、真俯瞰か真横という非演出的位置にカメラ位置を定め、ライティングもほぼ順光とした。黒田泰蔵の作品は、即物的で一切の説明を排した表現でも充分に耐えうると思ったのである。今から考えれば、デッサン室での経験と北園克衛への傾倒が遠く影響していたにちがいない。

白バックのように見えるようにする印刷技法に「キリヌキ」がある。器物の形を切り抜いて影のグラデーションを新たに加工する方法である。しかしそのような方法をとらずに、白いバックの余白に黄、赤、藍の最小の網点を入れることを試み続けた。「余白」が文字どおりの余ってしまった「白」ではなく、意識化され、「図」に対して等価性を持った「地」にしたかったからだ。そのために必ず撮影の現場に立ち会い、製版者に直接会って指示を伝え、印刷の刷り出しにも立ち会った。

その後、黒田泰蔵の白磁は無釉へと向かっていく。デザインもそれに呼応するための工夫を続けた。写真はオフセット印刷とし、テキストは活版印刷という、二つの版式の併用を試みたりもした。黒田泰蔵の活動に伴走するような数年を過ごしたことになる。

その頃から工芸関係や生活系の本のデザインの依頼が増えた。二〇〇〇年代半ば、気がつくと書店の工芸関係や生活系の本や料理本のコーナーは「白い本」ばかりになっていた。多くのグラフィックデザイナーは支給された材料を自分らしい表現にするために、タイポグラフィのスペーシングを詰められるだけ詰め、緊張感ある紙面をつくるのが常套手段である。さらに、ケイ線を使ったり書体に凝ったりしがちである。しかし、私は材料の仕込み段階から関わっていたのでそういう方法を一切取る必要がなかった。その結果、デザイナーとしての技を見せていないと映ったらしく、「何もしていない」脱力系のデザイナーとまで呼ばれてしまうことになる。

私の個人的な好みや思いを超えて、工芸や生活や料理関係の本が白っぽい装丁になったのには、理由があった。それは私の白いデザインが受け入れられたことと重なるだろう。

柳宗悦の提唱した民芸運動は、デモーニッシュなものまで含む地域文化の特殊性による、近代に対する異議申し立てだった。しかし、近代化は地方色を奪い、住環境を変え、食文化をも変えていく。特に食生活はイタリア、フランス、中華、韓国やエスニック料理などが家庭の食卓にあがるようになった。そこで求められたのが、多様化した食を受け入れる新しい器だった。それが無国籍的でモダンな、色では白であり、素材では白木であり、シンプルな形だったのだろう。そのような状況の中で、私の白への志向が時代の気分とシンクロニシティを起こしたのではないだろうかと考えている。

生活工芸の作り手とその使い手の一群が現れた頃に、グラフィックデザインとは別の活動としてスタートさせた「折形」は、清浄な白い和紙を折り、進物を包む贈答の際の礼法であり、深い精神性を持っている。今の私の興味は、表層的な色や形のシンプルさではなく、「白の聖性」という深層へと向かいつつある。永い間求め続けた「白」の本質が、どうもそこにありそうな気がしているのである。

僕が生まれ育った三重県伊賀市丸柱は

山本忠臣

Tadaomi Yamamoto

伊賀「ギャラリーやまほん」店主　1974年生れ

植松永次作品

僕が生まれ育った三重県伊賀市丸柱は伊賀焼の産地として知られる。昭和初期の最盛期と比べれば減ったが、いまでも陶芸家や製陶所の数は多い。家業が製陶所だったこともあり、物心ついた頃から「工芸」と言えば陶磁器のことだった。毎日の食卓には父が作った器が並び、母が摘む季節の花も陶器の花入に飾られた。小学校でも、親が陶芸家の友人は珍しくなく、学校が終わると家業を手伝うのが当たり前だった。

父の工房が自宅から少し離れたところにあったため、兄と僕は毎日、学校から直接両親と職人が働く工房へ帰っていた。父が作っていたのはおもに日用雑器で、いわゆる工芸品、伝統工芸品ではない。僕は父に見つからぬようにこっそりとランドセルを置くと逃げるように山や川へ遊びに出る子どもだったが、運悪く捕まると工房の仕事を手伝わされた。

粘土を練り上げ空気を抜く機械で土を練ったり、スライス状にした粘土を石膏型に押しあて皿などに成形したり、素焼きの器に釉薬をかけたり、窯詰めを手伝ったり。父の指導のもと兄弟それぞれに仕事が割り当てられたが、なかでも飯碗などに筆で線を引く麦藁手、木賊《とくさ》の絵付けが好きだった。

一〇代の終わり、僕は大阪の建築設計事務所で働いていた。ちょうど独立に向けた準備をしていたとき、予想していなかったことが起きた。父が病に倒れたのだ。悩んだ末に独立は取りやめにして実家に帰ることにした。父のことはもちろん大きいが、今思うと、都会で暮らすことにどこか疲れていたのかもしれない。

実家に戻ると家業に専念した。そしてどうにかこうにか安定した頃、使われていなかった実家の倉庫を見つけた。倉庫はギャラリーを運営するのにちょうどいい空間だった。ここをギャラリーにしたらどうだろう。そう考えはじめると、一度は諦めた建築設計の仕事への情熱がわき上がってきた。

ギャラリーを作ったとして運営はどうするのか、仕入れは、販売は——そんなことも深く考えず、気がついたら、ただただ理想のギャラリーをイメージして設計、施工をしていた。

そうして出来上がったのが今の「ギャラリーやまほん」だ。完成した当初は何もない空間をぼんやりと眺めているだけで満足だったが、ギャラリーなのだから運営をしていかなければいけない。しかしギャラリーをやりたくて作ったわけではないので、展示販売したいモノが明確なわけでもなかった。そこでまずは伊賀、信楽と、心当たりを片っ端から訪ねてみた。だが、そうして出会った器たちは、僕が作った空間とはどこか調和していないように感じた。

そんなときに造形作家の植松永次さんの作品と出会った。植松さんの作品は、それまでの僕が知っていた陶芸とは印象が異なり、独特なフォルムと土の柔らかさが特徴的だった。植松さんは、土を焼かずに乾燥させただけのレリーフや巨大なオブジェ、インスタレーションなども数多く制作し、田んぼの地割れや水たまりといった自然からもインスピレーションを得て作品にしていた。

植松さんの作品に魅了された僕は、たびたび工房へ通うことになり、時が経つのも忘れて話し込んだ。植松さんとの対話はしばしば夕刻にまで及び、そんなときは食事をご一緒させてもらうこともあった。

植松家の食卓では、自作の湯呑、飯碗、盛鉢が使われていた。どの器にも土の柔らかな素材感が表現されており、まるでそこに盛られた料理をやさしく包み込むような大らかさが感じられた。酒器にしても、威張った感じや、価値観を押しつけるような感じがまったくない。僕は植松永次という作家が作り出す世界と作品の魅力に、ますます引き込まれていった。

実のところ、当時の僕は陶器の器を買ったことがなかった。大阪で一人暮らしをしていた頃も、磁器の洋皿やちょっとしたカトラリーを買うことはあっても、土物の陶器を購入することはなかった。「なかった」というより「できなかった」と言ったほうが正しいだろう。幼い頃から焼き物に囲まれて育ち、作ろうと思えばいつでも器を作れた僕は、陶器を買う感覚が持てなかった。植松さんとの交流はそのまま陶器の魅力を知ることでもあった。やがて僕は「手元に置きたい」と心の底から思える作品と出会うことになる。それは植松さんの個展で展示されていた小さな花入だった。一〇センチほどの高さで高台から口元にかけて焦げがあり、指跡がほんのりと残されている。

僕は生まれて初めて焼き物を購入した。この花入から人を感じ、自然を感じ、どこか宇宙にも通じるような感覚を抱いた。この花入が、その後の僕の道標となった。この経験がなければ僕はギャラリーを始めることはなかっただろうし、始めたとしても今日まで続けることはできなかったと思う。

僕はギャラリーを始めることを決意した。まだ見ぬ作り手や作品との出会いを求め、また街のギャラリーを知るために、東京や京都にも足を運び、多くの店を訪ね歩いた。その中で、今も通い続けている店が二つある。東京目白にある古道具坂田と、同じく東京表参道にあるZakkaだ。

二つの店にはじめて足を踏み入れたときの感覚は、はっきりと憶えている。骨董の世界で既成概念を取り払い、柔軟な心と眼で、世界中のあらゆる古物に美を見出した古道具坂田の坂田和實。日用品でありつつも美しい器や道具を提案したZakkaの吉村眸。ギャラリーを始めようとしていた僕は、二人の、二つの店のあり方に大きな衝撃を受けた。取り扱う物こそ異なるが、店主の美意識は物の選択から展示方法まで、店内のあらゆるところに満ちている。既成概念や稀少価値で物を選ばず、生活空間で養われた美意識を軸に、バブル経済期もブレることなく、それまでになかった美を提案し続けてきたところに二人の共通点がある。そんなあり方が人を引きつけるのだろう、骨董・古物や器に興味のある人だけでなく、工芸作家をはじめとした多くのクリエイターが二人のもとを訪れていた。

二人の数十年に及ぶパイオニアとしての活動は工芸界にも大きな影響を与えた。それは「特別な空間に存在する美術作品としての工芸」から「日常生活の中にある美しい道具としての工芸」へのパラダイムシフトだった。

二〇〇一年春、「ギャラリーやまほん」開廊。第一回の展覧会は植松永次（陶）、小島憲二（陶）、小林千恵（陶）、山本忠正（陶）、山本認（木）によるグループ展だった。しかし伊賀の山里にひっそりと構えたギャラリーを知る人はなく、来客は知人が訪ねてくるくらいのもの。昼はギャラリー、夜はアルバイトという厳しい生活が五、六年ほど続いた。

ギャラリーを始めるに当たって、僕は一つ決めていたことがある。何があろうと、自分が本当に自信を持って開くことのできる展覧会を一〇年間やり続ける――それは植松さん、坂田さん、吉村さんといった尊敬する人たちがいつ来廊されてもいいように、自分自身に恥じることのない仕事を続けることだった。精神的にも経済的にも、

ギャラリーやまほん

心が折れそうなことは何度もあったが、そのたびに、古道具坂田やZakkaもそうした時期を乗り越えてきたはずと想像し、目標とした。また、ギャラリーに出展してくださった作家の方々や、遠方からわざわざ展覧会を見に来てくださったお客様からいただいた温かな励ましの言葉にも支えられた。

　ちょうどその頃、僕と同じように決して便利とは言えない地域で特色のあるギャラリーが次々オープンしていることを知る。それはたとえば多治見のギャルリももぐさ、関の而今禾であり、長野のギャルリ夏至であった。これらのギャラリーは工芸作家の展覧会を中心に活動しており、器以外にも生活雑貨、植物、洋服、彫刻作品などを扱っていて、日常生活を意識した店主の美意識が感じられる。そうしたギャラリーには、勝手ながら同志のような気持ちを抱いている。

　先日、ギャラリーやまほんで若手陶芸家・安永正臣さんの展覧会が終了した。安永さんとのつきあいは六年ほどになるが、ギャラリーやまほんで個展を開くのは初めてのことだ。作品を見てほしいとギャラリーに来てくれたのが出会いで、安永さんは器ではなく造形作品を中心に活動したいと語ってくれた。そのときはギャラリーで取り扱うことはなかったが、その後も彼から個展の案内状が届くと、都合のつく限り会場に足を運んだ。

　そんな関係が数年続くうち、安永さんは立体作品だけでなく器の制作も始めるようになった。気になったのは立体作品からも器からも、彼の意志が伝わってこないことだった。あるとき彼に質問をしてみた。「この器を自分で使ってみたいと本当に思っていますか」。彼はしばらく黙ったあと、小さい声で答えた。「いいえ」。そしてその器を自分で使うことがないとも。僕は彼に、自分が生活で本当に使いたいと思える器を作ってみることを勧め、四寸程度の、無地の白磁の皿を提案した。小さくとも無地の皿を作るのは難しい。見込みだけでその皿の魅力が決まってしまうからだ。出来上がった小皿を前に、僕たちは話し合い、この皿を作り続けることにした。

　試行錯誤を繰り返して二、三年が過ぎた頃、なんの変哲もない器が焼き上がった。それまでとは明らかに何かが違うのだが、僕自身もそれが良いのか悪いのかその場では判断がつかず、とりあえず預からせてもらうことにした。自宅に持ち帰って料理を載せると、驚いた。薪の窯で焼成されたその器には、食材と同じような柔らかな艶があり、緩やかに立ち上がる見込みは、食材をやさしく包み込む魅力的な空気を備えていた。

　僕が安永さんに提案したのは、自分自身が生活の中で本当に必要とする物を作ることだった。それは、僕が植松さんの花入から教わったことであり、古道具坂田とZakkaから学んだことでもあった。権威や既成概念にとらわれるのではなく、暮らしの中にあって自分が使いたいと思える物、美しいと感じるその眼を大切にすること、信じること。安永さんは生活に一枚の小皿を持ち込み、料理を盛り、眺め、使い込むことで、その皿が湛える美を実感するに至った。見込みや高台など、器のあらゆる部分を手で撫で、確かめ、安永さんの物作りに対する眼は、ずっとずっと厳しくなった。

7

近代以前から継承されてきた

橋本麻里

Mari Hashimoto

ライター／編集者　1972年生れ

こうして近代日本の「官」に支えられた「美術」や「工業」から疎外されたものが、「工芸」という第三のジャンルを形づくったのである。

そして大正時代後期になると、生きることだけに汲々としないゆとりを得た人々の関心は、官民一体となって推し進められた「生活改善運動」を契機に、かつてない勢いで「生活」へ向かった。

近代以前から継承されてきた、風土に根ざす素材や意匠、技術に基づいて作られる伝統的な手工芸品。あるいは現代の作り手が、現代の生活に必要とされる用を満たすために作った使い勝手のいい道具である生活工芸品。いずれも私自身の毎日の暮らしの中で、重要な位置を占めている。特に後者については、この一〇年ほどメディアに取り上げられる機会が増え、見たり、買ったり、使ったりする受容者の層が広がり、厚みを増している実感もある。

　ただ、こうした生活工芸にかかわる文章で言及されるのは、そのものや作り手、「民藝」との関係性、享受者の側が創造していく、ものとの「あるべき生活」、あるいは生活工芸の母胎となっている伝統工芸産業の衰退に対する危機意識――といったあたりが主で、近代以降の日本における美術と工芸のねじれた歴史の文脈の中に、生活工芸をどのように位置づけていくかという俯瞰的、あるいはメタな議論はあまり目にしない。先日、生活工芸をテーマとしたある書籍を読んだ時も、巻末のブックガイドには北澤憲昭や森仁史らの著作がまったく取り上げられていなかった。作り手と使い手の眼差しが、今そこにある「もの」と「くらし」までしか及ばないのはいささか残念なので、近代に作られた「工芸」というカテゴリーとその来し方を、なるべく整理しながら書いてみたい。

紙や絹に描かれた絵や書、神仏の像、漆や金属、陶磁を素材とする造形物など、いま「日本美術」と呼ばれる造形領域全体を表現する言葉をあえて歴史の中に探すなら、「手先の巧みさで物を作ることを業とするもの」（『日葡辞書』一六〇三～四年）を意味する「工業」があった。それが明治維新を迎え、制度や思想の規範が中国から西欧へ変わると、造形に関わる領域でも言葉や制度の再定義が進められていく。その時に作られたのが、「美術」「絵画」「彫刻」という新しい訳語や概念だ。現在では美術と工芸は分けられ、しかも美術が上位で工芸が下位というヒエラルキーのうちにある。だが当初、「美術」という語は、視覚芸術だけではなく、音楽や文学、工芸まで含んでいた。なぜなら「美術」という語が誕生するきっかけが明治政府による勧業政策、そして万国博覧会にあったからだ。

　オリエンタリズムに基づくジャポネズリを期待した磁器や漆器など、精緻な細工を施した手工芸品は、機械を用いた重工業の育成途上にあった日本にとって、幕末以来の重要な輸出産品だった。政府はこうした輸出産品としての手工芸品に「美術」という言葉を割り振り、産業振興政策として、工芸全般を基軸とした「美術」へのテコ入れを図ったのだ。それは江戸時代以前の造形領域に対する認識とも重なり合うあり方であり、為政者たちにとって受け容れやすいものだったのだろう。

　しかしルネサンスと一七世紀の科学革命を経て形成された「西洋近代」が、視覚中心主義の文化であることが理解されるにつれ、「美術」の中から、視覚芸術のもっとも純粋な形態として絵画が、次いで彫刻が抽出され、その外側に「殊に美術の精妙なる巧技を実用品に応用せるもの」（『第三回内国勧業博覧会出品部類目録』一八九〇年）と規定された、現代のいわゆる「工芸」にあたる「美術工業」というジャンルが新たに作られる。そして産業革命の進展に伴い、機械化・資本主義化された重工業中心の先進的な「工業」から、手仕事に多くを負う後進的な「工芸」が遠ざけられ、工場制機械工業のなかでも美術に傾斜した領域が、後の「デザイン」へ接続されていった。こうして近代日本の「官」に支えられた「美術」や「工業」から疎外されたものが、「工芸」という第三のジャンルを形づくったのである。

西洋でも絵画や彫刻がインテリアや建築の装飾の一部だった時代は長く続いたが、ルネサンス期以降、職人から芸術家が分離し始め、一七世紀半ばにいたってフランスの王立絵画彫刻アカデミーが「展覧会」の制度を設け、額にはめ込まれた絵画、台座に載せられた彫刻を特別な対象物として眺める「芸術鑑賞」が成立。この動きと軌を一にして、作品を美術史的に考察する思考や、美術批評も生まれた。一九世紀には芸術家自身が主催者となる個展やグループ展が開催されるようになり、不特定多数の公衆が作品の鑑賞者として登場。画商が芸術家と鑑賞者の仲介役を担うようになっていく。

ルネサンスを準備した人々が拠りどころとした古代ギリシャの哲学者・プラトンは、究極的な実在は物質的なものを超え、眼で見ることや手で触れることの叶わぬイデアの世界にしか存在しないと考えた。だから芸術作品は本来、目で見ることのできない美のイデアの「模倣」であってイデアそのものではない、いわば「劣化コピー」だというわけだ。一方、キリスト教に基づく解釈に従えば、万物の創造主である神の被造物は完全無欠でなければならない。この互いに矛盾した考えを、ルネサンスの芸術家たちは次のように解釈した。本来完全であったはずの被造物である自然は、バラバラになったり、少しずつ劣化したり、完全とは言えない状態にある。そして芸術家こそがその断片をつなぎ合わせ、もともとの「完全な美」を再構成できるはずだ、と。

続く近代に、「純粋な美的な対象」として鑑賞される美術を成立させたのもやはり、美術作品が日常を超える特別な世界（＝超越性。普遍的真理が存在する世界）に属しており、物象としての作品それ自体より、背後にある形而上的な思想／コンセプトにこそ意味がある、という原理だった。

近代日本の「美術」についても、西洋を手本にした殖産興業に基づく近代化に狂奔した後の明治一〇年代以降、政府が自由民権運動のもたらした不安定な政治状況の安定化に努めるようになる頃には、「精神の次元」に重きが置かれるようになっていく。皇国史観に基づく官製ナショナリズムが鼓吹され、美術もまた民族精神を体現するものとして捉え直されていく中、明治二〇年代に「日本画」と「洋画」が相対する概念として確立するのである。

このところ注目度の高まっている七宝や磁器、銅器など、明治時代の「超絶技巧工芸」は、明治初期の「万国博覧会の時代」、まだ美術と工芸が分かたれる以前に、仕官先を失った旧藩お抱えの職工たちが輸出産品として腕を振るったものだ。ジャポネズリが流行していた時代にはそれで成功を収めることができたが、明治三三（一九〇〇）年に開催されたパリ万博の頃には、もはや状況は一変していた。ヨーロッパでの美術の動向を忖度することなく用意されたのは、お馴染みの工芸品に日本画、西洋画など。ウィーン万博（一八七三年）以来の規模の出展作品を抱えて意気揚々と乗り込んだ日本は、想定外の深刻な不評に直面。自己陶酔的な復古主義に冷水を浴びせられたことで、工芸／工業は世界的なトレンド、たとえばこの時期であればアールデコの流行を意識することや、ドメスティックな日本画や洋画は国内で新たな基準を作るなど、抜本的に方針を変更せざるを得なくなる。

続く大正時代初期、第一次世界大戦（一九一四〜一九一八年）がもたらした好況によって、日本の産業は順調に発展し、近代化は国民全体へ浸透するにいたった。この時期、東京高等工業学校（東京工業大学の前身）教授であった安田禄造が、機械工業／手工業、実用品／装飾品を問わず、今日「デザイン」と総称される領域をあらためて「工芸」と名付けたことで、工芸は一品制作の手工業から量産製品までを一体として見る、広大な領域を示す用語として定着していく。

そして大正時代後期になると、生きることだけに汲々としないゆとりを得た人々の関心は、官民一体となって推し進められた「生活改善運動」を契機に、かつてない勢いで「生活」へ向かった。客を応接するための晴れの舞台（座敷、応接間）ではなく、褻《け》の、すなわち日常の居住空間をどうしつらえるか、どのように暮らすかという、家族中心の新しい住宅や住まい方への探求心は、大正一二（一九二三）年の関東大震災という不幸な偶然によって、焼け野原の都市部で猛烈に芽吹いていく。仰々しく飾り立てるのではない一般庶民の／日常の生活空間に、「工芸」はどのように対応すべきなのか、その答えのひとつが、大正一五（一九二六）年、柳宗悦、浜田庄司、河井寛次郎らが「日本民藝美術館設立趣意書」を発刊、名もない工人の手仕事から生まれた日用品の中に「用の美」を見出そうという民衆工芸、いわゆる「民藝」運動だ。

この方向性は、同時代の美術・建築の領域で起こっていたアヴァンギャルド運動（ロシア・アヴァンギャルド）とも通底している。芸術の実践や理論の根本的な革新を図ろうと、生活と美術、絵画と彫刻、意識と無意識の間の垣根を取り払い、陶磁器やファッション、文学まで及んだアヴァンギャルド運動は、日本では大正九（一九二〇）年、普門暁らによる未来派美術協会の設立から始まっていく。

一方民藝運動とは対照的に、工芸の中から個人としての表現を目指す作家たちも現れる。絵画や彫刻の下位／外部ではなく、工芸を美術の中の一ジャンルとして確立しようと願う高村豊周《たかむらとよちか》、杉田禾堂《すぎたかどう》らの目標、帝展（文展）への工芸部門の開設が叶うのは、昭和二（一九二七）年のことだ。「形骸は実用品を借りる。しかし実用第一ではない」とする、鑑賞を目的とした「用」のない工芸――禾堂の金工作品を筆頭に、一九五四年に走泥社の八木一夫らが作り出した「オブジェ」の先駆けと言えそうな作品――は、「工芸美術」と呼ばれた。方向性は逆だが、これもまた、分断された工芸と美術をつなぎ直そうとする動きのひとつと言えるだろう。

さて現在、「工芸」にかかわる公の二大施策といえば、①日本人の生活に密着し、日常生活で使用されるもの、②主要工程が手作業中心（手工業的）であること、③技術・技法が一〇〇年以上の歴史を持ち、今日まで継続しているもの、④一〇〇年以上の歴史をもつ伝統的な原材料を使用したもの、⑤一定の地域で、地域産業として成立しているもの、という五つの要件を満たした伝統的工芸品産業を振興するための、「伝統的工芸品産業の振興に関する法律（伝産法）」（経済産業大臣）、そして「演劇、音楽、工芸技術その他の無形の文化的所産で我が国にとつて歴史上又は芸術上価値の高いわざを高度に体得する個人または団体を保護する「人間国宝（文化財保護法）」の制度（文部科学大臣）とがあり、明治以来の経済政策と文化政策両面からテコ入れが図られている。

いずれも戦後に作られた制度で、この時から「伝統工芸」が生まれた、とも言えるだろう。だが伝統的工芸品産業が作り出す製品は、現代の生活様式にそぐわない、あるいはより安価な輸入品にシェアを奪われるなど深刻な不振に喘ぎ、人間国宝が継承した技を振るった「作品」は、実用品の形態を取ってはいても、稀少すぎ、高額すぎるなど、いずれも生活の道具としては帯に短し襷に長し、の状況が続いている。また工芸を「現代」と「伝統」、「権威」と「民衆」に分断する楔となっている側面も否めない。

財団法人伝統的工芸品産業振興協会の調査によれば、現在二一八品目が指定されている伝統的工芸品産業の、平成二一年度の生産額は約一二八一億円（前年比約一三％減）。昭和五〇年代のピーク時に比べて約四分の一まで減少しており、「伝統」の側からは、従事者の高齢化や後継者不足、原材料の供給不足などから、産業として立ち行かなくなるまで「あと一〇年」の声も聞こえてくる。

一方、離れては近づき、を繰り返してきた美術、それも「現代美術」の側からは、現代美術の「インターナショナル（＝欧米）」な文脈とは無縁に作られたドメスティックな「工芸」であっても、ギャラリストやキュレーターがそれをまったく違う文脈に再解釈／見立てて、「美術」作品として現代美術の中に取りこんだり、両者の差異や、分断の歴史的な経緯を明らかにしていこうという動きも始まっている。たとえば二〇〇五年、北澤憲昭の企画・構成で、東京都現代美術館常設展示で開催された「アルス・ノーヴァ――現代美術と工芸のはざまに」や、同時開催のシンポジウム「工芸――歴史と現在」、あるいは大阪芸術大学が一九九七年から連続して行ってきたシンポジウムや講演会（その記録は『21世紀は工芸がおもしろい』として、二〇〇三年に求龍堂より刊行）、そして近年では金沢21世紀美術館で二〇一二年に開催された「工芸未来派」展、工芸出身の作家を積極的に現代美術市場でプロモーションする、小山登美夫ギャラリーやオオタファインアーツの活動なども挙げられるだろう。

だがこうした活動が、人間国宝を頂点とする伝統工芸の領域、またライフスタイル誌を飾る生活工芸の領域、そして伝統的工芸品産業の領域に与えたインパクトは、経済的にも精神的にも大きいとは言えない。「日本伝来の技法、意匠の伝承、完成を目指す技巧派と輸出振興に向け欧風デザインを志向して勃興しつつあった産業派（中略）新興市民との共鳴を目指す革新としての生活派」（森仁史『日本〈工芸〉の近代』）という、帝展（文展）に工芸部門が設けられる前後以来の図式は、現在もさほど変わっていないように見える。それどころか、「関東大震災以降の新しい生活モデル追求・生活改造の機運」に基づいた、「生活を一つの美的表現とする」「市井の人々に食い入る美的提案」を志向する生活工芸は、「美術としての自己確立と現代生活に響く美の二者を追求」しながらも、「後者の理想は彼らが一品制作の手法をとる限り貫くのが難しかった」（「」内すべて同書より）とあるように、突き当たっている問題も変わっていないのだ。

むろん現代には現代の新しい要素や課題、状況がある。もっとも大きいのは、「美術」というモダニズムの枠組そのものが解体しつつあることだろう。だが日本の工芸の多くの領域はそうした潮流と無関係に、明治以来の課題の周りを旋回しながら、「今日的な課題に取り組んでいる」つもりになってはいないだろうか。

一方、「欧米美術の歴史や文脈にのっとった価値観が崩壊し、言葉で美術を語らなくても良い時代になれば、日本独自の良いものも認められていくのでは（綿江彰禅氏・野村総合研究所）」（二〇一四年四月一日開催のNIKKEIアート・プロジェクトセミナー第三回「アートの経済学：アジア現代アート市場の最新状況」より）という声に代表される、一部の現代美術関係者の甘い見通しも、旋回する工芸の同床異夢だ。フェノロサが「妙想(idea)」といって日本画に、黒田清輝が「構想画」といって洋画に持ち込もうとしながら、共に「心持ち」という情緒優先の言葉に変質を余儀なくされた、近代日本美術の中途半端さを、見事に踏襲している。

「欧米美術の歴史や文脈にのっとった」美術の枠組が今後緩やかに解体へ向かうことは間違いないが、その先の展望は、まだ誰も見出せていない。そして「その先」を見出すために、取りあえずは「欧米美術の歴史や文脈にのっとった」共通言語によって「これまで」を総括しなければならず、「その先」を記述する、「多様な価値観や文脈にのっとった」共通言語も、あらためて作られなければならない。そうした作業の中でようやく、近代日本のこじれた美術や工芸の関係が解きほぐされていくとするなら、「言葉で美術（工芸）を語らなくても良い時代」と開き直るのではなく、同じ日本の中にあってさえ、あまりにも言葉／文脈が共有されていない美術と工芸、その双方に通じる言葉／文脈を、互いに作り上げていく努力をするときが来ているのではないだろうか。

人間の歴史は、モノの歴史でもある

石倉敏明

Toshiaki Ishikura
人類学者　1974年生れ

私たちの身体は、既にさまざまなジャンルの人工物と一体になり、端末にプログラムされた精緻な記号やアルゴリズムと共に、巨大な情報ネットワークの集積体に繋がれてもいる。身体と道具、人間と非人間の区別すら、現代では消滅しようとしている。

人間の歴史は、モノの歴史でもある。人は石器をつくりだすことによって、大型肉食獣に匹敵する狩猟能力を得た。弓矢の発明によって肉や毛皮を効果的に入手し、針の発明によって衣服を裁縫する技術を覚えた。農具は大地を耕し作物を栽培する暮らしを実現し、土器の発明は食糧の貯蔵と醗酵を可能にした。人は自分たちの暮らしている周囲の世界から、食糧・道具・衣服・住居・燃料等の材料を獲得し、それらを加工しながら、ユニークな文化を築き上げてきたのである。もっとも身体に近く、親しみを持って使われる日用品の類いは、そうした構成要素のなかでも、基本的な生活習慣の条件をかたちづくる。

　自分自身の生活スタイルを少し振り返るだけで、私たちがいかに多くのモノに支えられているか、誰しも思い至るだろう。朝起床してすぐにスマートフォンのメールをチェックする人も、窓をあけて新鮮な空気を部屋に呼び込もうとする人も、コーヒーを淹れるために眼鏡をかけてキッチンに向かう人も、みな数多くの道具に支えられてはじめて一日の活動をスタートすることができる。日常使いの什器や衣服はもちろん、眼鏡や義歯などの補装具、化粧品や装身具、ペースメーカーや人工臓器、さまざまなアプリケーションを備えた情報端末等、いまやモノは私たちの身体の働きを助け、生活習慣を拡張し、健康を維持する役割も果たしている。私たちの身体は、既にさまざまなジャンルの人工物と一体になり、端末にプログラムされた精緻な記号やアルゴリズムと共に、巨大な情報ネットワークの集積体に繋がれてもいる。身体と道具、人間と非人間の区別すら、現代では消滅しようとしている。

　要するに、人とモノの境界は以前よりもずっとわかりにくく、複雑化しているのである。たぶん数えきることもできないほど、多くのモノが、昼夜を問わず私たちの生活を支え続けているのだが、複雑なコミュニケーションのネットワークに覆われた現代社会では、そんな基本的な事実すらしばしば忘れられてしまう。しかし、朝から晩まで、いや夜眠っている間でさえ、私たちの身体はモノたちのざわめきの中で生き、もちろん死んで分解された後でさえ、モノたちのひしめく世界を循環し続ける。

　二一世紀の幕開けとともに起こった、「生活工芸」という新しい表現領域の登場は、おそらくそのような社会生活の変化と切り離せない、差し迫った状況と関係している。私たちの生活は、もはや以前のように明瞭な境界線で他者の生活と区切られてはいない。モノと身体、情報と経済、政治と生命は一体のものとなり、私たちの生活はそれらの分割線のない広大な領域を漂っているのだ。そして、工芸という分野もまた、同じ混合体の海を漂っている。もはや伝統という母港に帰着することも、純粋美術というユートピアを目指して永遠に航海を続けることもできないまま、それは生活という大海に漂う一艘の小型船として、日夜押し寄せる大小の波間を漂っている。「生活工芸」と呼ばれる船は、ますます流動化する市場経済や政治状況のなかで、工芸はいかにして可能かという問いの前に、常に揺られている。

　それでもこの船が転覆を免れ、現在も航海を続けることが出来ているのは、ひとえに船乗りたちの操船の巧みさによるものだろう。彼らはかつてガリバー船長がそうしたように創造の海へと船を漕ぎ出し、デザイン島、プロダクト島、インテリア島、絵画・彫刻島、建築島、骨董美術島、インスタレーション島といった複雑怪奇な島々の世界を渡っていく。それぞれの島に棲む妖怪や巨人や小人たちと互角に渡り合いながら、彼らは異なるバックグラウンドを持つ人々の生活ニーズに見合った日用品を、日々製作しているのだ。しかも自ら、作り手、使い手、売り手、買い手という四種の手を駆使して品々を動かし、それらを「クラフト」と名付けて船の積み荷とする。船員の多くはそれらの品々を製作して生計を立てているが、ある者はこれを企画生産し、またある者はいくつかの島々に市場や店を開き、それらを販売して暮らしている。

　作り手が使い手となり、売り手が買い手になること。それは当たり前のようでいて、実はなかなか難しい。生産者と消費者、販売者と顧客は互いに役割を分担しているからこそ経済は安定するのであって、それぞれの項が混ざり合い、役割を交替することは決して常態ではないからである（ある日突然、夫が妻になり、子供が親になる家庭を想像してほしい。しかもこの役割交替は頻繁に生じる）。しかし、生活工芸と呼ばれる小型船の中では、そんな悠長なことは言っていられない。ある者が一つの役割に固着するようなことは、大波や小波に揺られるこの流動的な海の上では、やっていられないからである。その船の中では、ある役割を担う者が、次の瞬間には反対の立場に廻り、喰う者が喰われる者に、作る者が使う者に変身する。澄ました外観やパブリック・イメージに捕われてはいけない。生活工芸とは、かくも恐ろしい小船なのだ。

　ここまで来て私たちは、「生活にとって工芸とは何か」という大きな問いに行き着くことになる。北澤憲昭氏によれば、日本で「工芸」という言葉が一般的に使われるようになったのは明治期以後のことであるというが、それは産業界の再編や万国博覧会への出展、内国勧業博覧会の開催という国策に応じて、工業と美術の領域の間にぽっかりと開いた「第三のジャンル」として誕生したものであった（北澤憲昭『美術のポリティクス――「工芸」の成り立ちを焦点として』ゆまに書房、二〇一三年）。したがってそれは、美の追求を目指す美術界からも、廉価な実用品の普及を目指す工業界からも疎外され、社会的にマージナルな地位に甘んじてきたというのである。しかし、この構図を積極的に覆せば、美術館からも商業施設からも等しく距離を取り、しかも美と経済の両立を目指す「第三項」のアヴァンギャルドとしての工芸が浮かび上がる。生活工芸というささやかな旗印は、まさしくその系譜を継ぐものとして、美術作品からも工業製品からも一定の距離を置きながら、しかもその両方のジャンルの前提を揺るがすかもしれない、先鋭的なデザイン思想の萌芽を宿している。

　たとえば民藝とは、まぎれもなくそうした活力に満ちた思想運動であった。かつて美術工芸が華美な技巧主義に陥り、庶民の暮らしからあまりにもかけ離れた表現領域に閉ざされていったとき、「民藝」（「民衆的工芸」または「民族の工芸」と定義される）という旗印の下に領域を横断する製作者が集まり、無名の伝統と斬新な意匠を融合する、新鮮な作品群を産み出すようになった。彼らは工芸をその時代の美術や経済の基準に従属させたのではなく、生活の実用性に根差した簡素な機能美をものづくりの伝統技術と両立させ、都会の生活にも田舎の生活にも似合う新しい「生活に根差した工芸」の基準を打ち立てようとしたのである。単に気の利いたデザインの作品をつくるだけではない。ある地域の産物を素材としてモノが生まれ、暮らしのなかで使用され、壊れては修繕され、やがて朽ちていくところまで、生活空間を想像し肉付けしていくこと。モノの背後に潜む技術や、素材の来歴が語る自然の息吹を尊重すること。自我を越えた「他力」の領域に飛び込んで、先祖や死者たちから伝えられた技術の文脈に現代デザインを接続させること。かつては当たり前だったそのようなものづくりの姿勢を、民藝運動の担い手たちは意識的に継承し、工芸の基準そのものを刷新していった。

民藝運動の担い手たちは、大量生産・大量消費の時代が到来しつつある時代に、もうひとつのモノとの関係を築こうとしたと言えるかもしれない。長期的な使用や多様なライフスタイルに耐える日用品を作り出し、素材と製品、モノと人間、自然と文化の関係を根本から問い直す息の長い挑戦。それは、約一〇〇年後に現れた生活工芸の担い手たちにも、おそらく引き継がれた未完の挑戦である。現在の工芸基準は、美的な暮らしや大量生産された製品からのデザイン的な卓越化に留まらない。それはエネルギー使用や食生活のあり方、市場と生産物の関係、美術と工業のカテゴリーから漏れた美の発見、隣人や人間以外の生物との共存の方法などを自分たちの生活に即したサイズで再定義し、再構築する運動とならざるを得ないのだ。モノとヒトの境界が消え失せようとしている「混合体の氾濫」（ブルーノ・ラトゥール）のなかで、生活工芸と呼ばれる一連の試みは、今後も工芸の根本条件を問い直す息の長い挑戦として、後代に継承されていくかもしれない。

「生活工芸の時代」という言葉は

鞍田崇

Takashi Kurata

哲学者　1970年生れ

一　生活や暮らしへの関心
二　社会的コミットメントへの関心
三　にもかかわらず社会変化につながる行為には二の足を踏む実態

生活工芸の時代のポイントはこの三つにまとめることができる。

「アトミックエイジ」、原子力の時代の到来。それが、大阪万博が宣言したものであり、生活工芸の時代の背景にあるものにほかならない。

「生活工芸の時代」という言葉は二つのことを意味している。

一つは生活工芸が二一世紀初頭のこの一〇年あまりの間にひろく社会に浸透したということ。もう一つは、生活工芸の浸透がこの時代を象徴するできごとだということ。もちろん両者は無関係ではない。生活工芸がなぜいま浸透したのかを問うことは、同時代の人びとが何を求め、社会がどこへ向かおうとしているのかを問うことでもある。

でも、こうして問いにしてみてその答えを思い描いてみると、両者の内容は微妙に異なることに気がつく。生活工芸はたしかに浸透したが、人びとが欲するすべてを満たしたわけではない。たしかに時代を象徴するものではあるが、もしかしたら社会は生活工芸を携えながらさらに先へと向かおうとしているのかもしれない。いや、もしかしたら生活工芸自身がそんな社会の動きに随伴して次のステージを探り始めているのかもしれない。

できれば、と個人的には願っている。生活工芸の時代が確実に次の時代を切り開くものであることを。そう願いつつ、人びとは生活工芸に何を求めたのか、求めているのか、考えてみたいと思う。

「二〇〇〇年を越えたあたりからお客さんの質が変わったと感じている。それも不思議なくらいに、急激に」（三谷龍二「生活思想の地図を広げて」『道具の足跡』より）

多くの人が二〇〇〇年前後を節目に生活工芸を取り巻く状況が変わったという。

二〇世紀という重く大きな時代が終わり、新しい世紀が始まることへの期待と不安。そうした時代の空気が知らずして多くの人びとを「生活」というミニマムな確かさの圏域へと向かわせたのだろうか。それから十数年を経た現在からみると、たしかに符合する事例がいくつかある。

たとえば、「百草」（多治見、一九九八年）、「Roundabout」（吉祥寺、一九九九年）、「yamahon」（伊賀、二〇〇〇年）など、普段使いの生活道具を扱うギャラリーやショップが、このころから各地にできはじめた。二一世紀の境をまたいでいよいよ二一世紀が始まると、まるで申し合わせたかのように、『ku:nel』（二〇〇三年）、『Lingkaran』（同）、『天然生活』（同）など、「暮らし系」雑誌が相次いで創刊された。

これらの雑誌が取り上げたのは、先のショップで扱われていた作り手たちの暮らしぶりだった。暮らしに根ざした物作りをする人たちの生活は、無駄なく、手堅く、清々しい。誌面では、そうした趣きが、写真とともに彼ら自身の言葉から増幅された。赤木明登、安藤雅信、三谷龍二。じつに生活工芸の作り手たちは言葉にもたけていた。

「消費社会から離れて、『もの』と人とのかかわりを新しい世紀に向かって考え直したいというのが開廊の動機です」（安藤雅信「百草開廊の御挨拶」ギャルリももぐさＨＰより）

「僕は今、心から美しいものを作りたいと思う。人が見ている物、人が毎日使っている物は、人を幸せにできると信じている」（赤木明登「まえがき」『美しいもの』より）

「もっと単純な仕方で、僕たちは生きていける。どこか遠くへ行かなくても、ここにいて豊かな世界に触れることができる」（三谷龍二「手とこころの関係」『遠くの町と手としごと』より）

ことさら言葉を弄しているわけではない。作品同様に端正な彼らの言葉づかいが時代の息づかいに呼応していたということだ。

それにさらに多くの人びとが魅了され、生活工芸――当初はそういった呼称でまとめられてはいなかっただろうけど――はブームとなった。

時代の息づかいといったのは、人びとの価値観や意識の変化ということだ。あるいは変化を求める意識というべきかもしれない。二〇〇〇年前後を境に顕著になったこの傾向は、日々の暮らしへの関心の高まりと連動し、生活工芸ブームを一つの象徴的できごととしながらも、さらにそれを超えた裾野のひろがりをみせた。その一つに社会意識の変化がある。

キーワードはソーシャルあるいはコミュニティだ。

ゼロ年代には新しいビジネスモデルとして、ソーシャルビジネスやコミュニティビジネスが台頭した。これらは子育て支援や障害者雇用、地域おこしといった社会課題をビジネスとして解決しようとする取り組みであるが、もっぱら個人消費をベースとしていた経済活動のなかに、他の人びととの共有を是とする、あるいは共有することを目的とするスタイルをもたらしたという点で、従来の発想を大きく転換するものであった。はじめに私有ありきの二〇世紀型の「ハイパー消費」経済から、他者とのシェアを前提とした二一世紀型の「コラボ消費」経済への移行ともいえるだろう。背景には、人口減少にともなう社会構造の縮退化から、大量生産・大量消費に依存した単純な成長・拡大ヴィジョンの限界が顕在化してきたこともある。二〇〇七年には経済産業省で第一回「ソーシャルビジネス研究会」が開かれ、政府としても積極的にこうした新しい経済動向を推進してきた。

一方、コミュニティデザインやソーシャルデザイン、近年ではシェアデザインなどという言い方もなされ、物作りのプロセスにおいても、この一〇年余りの間に同様の変化が顕著になってきた。なかでも、イギリスに端を発するインクルーシブデザインは、社会課題の解決手法として今後ますます重要な試みになるかと思われる。同様の意図をもった先例にユニバーサルデザインがあるが、ユニバーサルデザインがデザイン・フォー・オールを唱えたのに対し、インクルーシブデザインが目指すのはデザイン・ウィズ・オールである。つまり、たんに広く多様な人びとに向けて発信されるだけでなく、発信される内容を作るプロセスそのものにより多くの人びとの関与と参加をうながそうというのだ。できあがった製品だけでなく、製品づくりそのもののシェア。そこではもはや製品は商品ではなく、社会活動そのものともいえるだろう。

ビジネスやデザインにおけるこうした変化はトップダウンでもたらされたものではない。もちろん人口変遷や地域社会の空洞化など、社会構造的な要因もあるが、なによりもまず人びとの意識の変化がおのずと引き起こしたものでもある。

二〇〇八年の『国民生活白書』(内閣府)によると、「個人の利益よりも国民全体の利益を大切にすべきだ」と答える人の割合は二〇〇〇年の三五・二%を底に上昇をつづけ、統計が取られた二〇〇八年には五割を超えたという。個人よりも社会の利益を優先する、利己的であるよりも利他的であろうとする。そのように表明する人が——たとえ建前であるとしても——社会の半数以上を占める時代、それがゼロ年代に登場した新しい社会フェーズだった。『国民生活白書』は、この二〇〇八年版が最終版で以後の調査は行われていないが、その後におこった東日本大震災は、こうした社会意識の高まりを結果的に高めるものとなったことはまちがいないだろう。

にもかかわらず、はたしてこの社会は少しでもいいものになったかと問われると多くの人が返答に窮するのではないだろうか。

　そのことを端的に示すのが、近年の選挙の投票率である。二〇一二年暮れに行われた最新の衆議院選挙（第四六回衆議院議員総選挙）の投票率は五九・三二%。衆院選のそれとしては、史上最低の数字を記録した。かろうじて五割を切ることはなかったものの、半数近くの国民が選挙に行かなかったわけだ。それから一年あまり後、二〇一四年二月の東京都知事選では四六・一四%。これは都知事選の投票率の「低さ」としてはワーストスリーだったが、現職が出馬しない新顔どうしの選挙としては過去最低となった。確実に、人びとの意識は選挙から遠のいている。年を追うごとにますます。

　この時代の人びとの意識は分裂状態にある。半数以上の人が自分のことよりも社会のことを重視すると考えているにもかかわらず、約半数の人が社会を変えるいちばんの近道であるはずの選挙にはいかない。社会意識を有する人と、投票放棄する人が同一とはいいきれないものの、社会全体としてみれば、やはり分裂状態にあるといわざるをえないだろう。それが生活工芸の時代の実態でもある。


議論を整理しよう。

一　生活や暮らしへの関心
二　社会的コミットメントへの関心
三　にもかかわらず社会変化につながる行為には二の足を踏む実態

　生活工芸の時代のポイントはこの三つにまとめることができる。先に生活工芸の浸透の始まりを二〇〇〇年前後としたが、『国民生活白書』のデータに示されているように、社会意識についてもそのことがあてはまる。二一世紀の幕開けとともに始まったのは、生活と社会という二つの生きる指針に向けられる関心の顕在化であった。

　生活と社会という二つの方向性はイコールであることもある。たとえばフェアトレード製品の購入は、生産状況や素材選択に配慮した上で社会貢献の一環として生活道具の選択を行う事例といえるだろう。だが、根本的に二つは対照的、というより相反する指針である。社会関心がいうまでもなく他者の利益を重んじるのに対し、生活への関心は自己のそれへの関心にほかならない。そのこと自体はなんら問題ではない。けっきょくのところ自分の暮らしを自分の手に取り戻し、自ら作り上げるところからしか何も始まらないのだから。

　しかしながら、同時代のポイントとして三つ目の投票放棄という事態が進行しつつあるのを考慮すると、生活と社会という二つの関心のあいだのズレをそのまま放置するのはいかがなものかと思われてくる。

　足もとの暮らしでは着実に丁寧に生きようとしているのに、それがうまく社会的関心へと連動せず、けっきょく仲間内のサークルのように趣味を共有できないものを排除してしまう。あるいは逆に——たとえば一部の反原発運動の発信の仕方などに感じることなのだが——社会問題に積極的にコミットしようとした途端、あたりまえの日々の暮らしに寄せる細やかな感性とはまるで異なる大文字のシュプレヒコールの羅列になってしまう。生活と社会、それぞれに生きるうえで基本となる二つの世界がうまくブリッジされていない。そのことが、生活に関心を寄せようが、社会に関心を寄せようが、どちらにしてもどこかリアリティがなくいつまでもモヤモヤとした気分、極端な場合は結局何も変わらないという諦めをもたらし、諦めではないにしても自分たちの意思を受けとめる場の不在をますます実感させ、結果人びとをして選挙から遠のかせている。投票放棄という現象をそんなふうに位置づけることもできるのではないだろうか。

もちろん生活工芸と選挙の投票放棄には直接の因果関係はない。だが、もしかすると生活工芸がこの時代のモヤモヤとした事態を乗り越えるきっかけをもたらすことができるかもしれない。

そう思わせる理由に、近年の民藝の再評価がある。ちょうど二一世紀という新しい世紀のはじまりに生活工芸が一気に社会的浸透を得たように、約一世紀前の二〇世紀初頭に、同じく日々の暮らしに根ざした普段使いの道具に注目しながら、新しい時代の価値観を問うたのが民藝だった。なぜいま民藝なのかを考えてみることは、生活工芸のこれからの展開を考える上でもけっして無意味ではない。

なぜいま民藝なのか。議論の入り口として、二〇一二年夏に日本民藝館の新館長に就任したプロダクトデザイナーの深澤直人の言葉を紹介したい。

二〇一三年の年頭、日本民藝館で「新館長と語り合う会」というトークイベントが催された。雑誌などの取材記事をのぞけば、深澤が館長就任後はじめて「なぜいま民藝なのか」を公の場で語った機会となったイベントであった。その中でまず彼は、「物の美」は常に環境との調和の中にあること、デザインの仕事は「物が置かれる環境」のコンテクストを解読し、そこにあるべき物の必然的な輪郭を探り出すことであり、これまでのデザイナーとしての自分の仕事は一貫してそうしたスタンスにあるとした。その上で、いまなぜ民藝にコミットするのかについて、物作りに勤しむだけでなく「物が置かれる環境を整える必要がある」と感じたため、と説明した。

ゼロ年代における生活工芸の社会的浸透と並行して、価値観の転換を探る様々な動向の中で、民藝に対する再評価もまた急速に浸透していった。それはいうまでもなく物としての民藝（もしくは民藝品）に対する共感に根ざすものであったが、ゼロ年代にはじまる再評価の傾向の特徴は、たんに物としての民藝ではなく、物が置かれる空間とそこで営まれる生活全体としての民藝、しいていうなら「生き方」あるいは思想としての民藝に寄せられているということができる。深澤が「物が置かれる環境を整える」にあたって民藝に注目するというのも、ひとまずそのように理解してみることができるだろう。

だが、「物が置かれる環境を整える」という目的のもとに、民藝から何を得ることができるのだろうか。二〇世紀初頭の時代状況を顧みつつ、もう少しこの点を掘り下げてみたい。

民藝というコンセプトが具体的空間としてはじめて可視化したのは、この言葉がはじめて世の中に提起されてから二年後、一九二八年のことだった。この年、上野公園で開かれた「御大礼記念国産振興東京博覧会」に、民藝運動の主導者である柳宗悦らによって出品された「民藝館」が、それだ。民藝館とはいうものの、駒場に現存する日本民藝館とは別物である。この博覧会に出品された民藝館は、展示空間というよりは、民藝の理念に即した暮らしを示すモデルハウス的なもので、じっさい博覧会終了後には実業家・山本為三郎が購入し、大阪・三国にあった自宅の一部とした（後に「三国荘」と呼ばれ、いまではこちらの名前で知られている）。

いまも述べたように、このときの民藝館はあくまで居住空間、すなわち人が物とともに日常的に住まう場を想定したものであったのだが、この一九二八年という年には、

「住まうこと」との関連から見ると、ほかにもエポックメーキングな出来事があった。

環境工学の先駆者として知られる建築家の藤井厚二は、同年、主著である『日本の住宅』を出版、「住宅とは自然に同化して之に包容され周囲に反抗せざるものである」（同書）という基本スタンスのもと、長年試みてきた自然共生型住宅の集大成として京都・大山崎に「聴竹居」を建てている。また、ヨーロッパ遊学から帰国したばかりの哲学者の和辻哲郎は、日常的な生活経験における「風土」という概念に注目し、のちに『風土　人間学的考察』（一九三五）へとまとめられる端緒となった講義を、この同じ一九二八年に京都帝国大学ではじめておこなっている。

民藝、聴竹居、そして風土。人間の日常的ふるまいをめぐって三つのコンセプトが、時を同じくして登場してきたのは、たんなる偶然だろうか。

じつは和辻と柳は一八八九年生まれの同い年だ。藤井厚二は一つ年上になるが、三人は同世代と考えてよいだろう（和辻と柳は三月生まれ、藤井は一二月生まれなので、三人は同学年である）。建築（藤井）、工芸（柳）、哲学（和辻）と、それぞれに専門は異なり直接の親交はなかったものの、同時代を生きた者として彼らには何か通じるものがあるように思われる（ちなみに、一九二八年当時、柳は関東大震災後の京都時代で、吉田山に居を構えていた。和辻と藤井が勤める京大とは目と鼻の先だったわけで、三人にまったく接点がなかったのかどうかはなお検討すべき課題である）。

やはり彼らと同時代を生きたマルティン・ハイデガーが「建てる」「住まう」「考える」という三つを連関づけて、人間が「住まう」ことの本質を追求したように（ハイデガー『建てる・住まう・考える』）、藤井（建てる）、柳（住まう）、和辻（考える）の三人が追究した事柄を連関づけてみることもできるかもしれない。ハイデガーが問うたように、彼らをむすびつけているものが、「住まうこととは何か」を考える際の手がかりになるのであれば、それはまた、ここで問うている点、すなわち「物が置かれる環境を整える」にあたって民藝から何を得るのかを知るための指針をも与えてくれるのではないだろうか。

その意味で、一九二八年の「民藝館」について語った建築家・堀口捨己の次の文章は非常に示唆的である。

「今度の博覧会の中で不思議に私の心をとらへたものが一つあつた。それは民藝館である。それは建築としては不健全な衒學的な物臭さがないでもないし又手工藝的主張と其作品が如何にも時代錯誤的である。（中略）然し民藝館がかうした反時代的であるに係はらず尚私には何か心牽かれるものがある。其は其郷土的な情緒や懐舊的雰囲気に囚れるのみでなしに何かそこに真実なものが隠されてゐる様に思はれるのである」

雑誌『日本建築士』博覧会記念号（一九二八）に掲載された、「大礼記念国産振興東京博覧会を見て感想二題」の一節である。同号は、上述の博覧会の建築について報告するとともに、前年にドイツで開催された〈シュトゥットガルト住宅展〉についても詳述し、同時代のモダニズムの動きを反映した内容となっている。堀口自身も、上掲文で略した箇所で、ル・コルビュジエの有名な「建築は住む機械である」というフレーズを引用し、機械の時代には機械にふさわしい建築が要請されることを時代の趨勢として認めている。そういう時代の流れからすると、民藝館はいかにも「時代錯誤的」である。しかしながら、にもかかわらず、そこには何かしら「真実なもの」があるように思う、というのだ。

堀口のいう「真実なもの」。それは、先の藤井・和辻・柳の三人に通底するものを示している、と言えば、あまりにも強引だろうか。

柳らが生まれた一八八九年は、第四回パリ万博が開かれた年でもある。このイベントで物議をかもしたのは後に街のシンボルとなるエッフェル塔なのだが、それと並んで多くの注目を集めたのが「機械館（La Galerie des Machines)」だった。万博はきたるべき近未来の見本市だ。SFのようなフィクションの世界ではなく、到来しようとしている新しい時代の幕開けを告げるイベントだ。とすれば、鉄骨のエッフェル塔と機械館を最大の呼び物としたこのパリ万博は「マシンエイジ」、機械の時代の到来を宣言するものでもあったといえよう。

まさにそうしたタイミングで生を享けたのが、柳、和辻、藤井、ハイデガーだった。彼らはまさしく機械の時代の申し子たちだった。六歳下の堀口にとって社会の機械化・産業化・近代化はさらに進行しこそすれ、決して緩和されることはなかったであろう。彼もまた機械の時代の到来にともなう社会と生活の激変の中を生きた。

機械の時代の申し子たちは、機械に育てられ、機械とともに成長しながら、機械に反発し、機械の時代の「別の選択肢」を探った。そうして、その手がかりを機械でないもの、機械の登場によって見失われたものに求めた。端的にいうなら機械という人為的・人工的なものが席捲するなかで乖離した自然を、ふたたび社会と暮らしへと接続することに新しいリアリティを求めた。民藝は、風土や聴竹居とおなじく、失われた自然との接続を希求する同時代の気分に応答し、時代のオルタナティヴとして提起されたものだった。

時代のメインストリームと対峙し、その問題点に真摯に向きあい、別なる選択肢を描き上げようとするこうしたふるまいこそ、「物が置かれる環境を整える」ことにほかならないのではないだろうか。それは、二〇世紀という時代の申し子として生きてきたわたしたちが、二〇世紀的でないもの、二〇世紀によって見失われたものを志向している二一世紀初頭の現在の状況とまさしく符合する。経済性と合理性の偏重、地域コミュニティの分断、深刻化する環境問題、そして原発。二〇世紀初頭に次の時代を志向した人々が見出し試みたものを、わたしたちは、さらに先鋭化した事態の中で、もう一度咀嚼しなおす必要がある。生活工芸の時代が直面している状況を、わたしはそんな風にも思うのだ。

物が置かれる環境を整えなおす民藝の試みは、時代のオルタナティヴを求め自然回帰を志向した潮流の一翼を担うものであったといえる。では、二一世紀のいま、わたしたちはどこへと回帰しようとするのだろうか。

民藝の再評価と並行して生活道具が浸透したということは、生活工芸における手仕事的要素が共感を集めたことを示しており、そのかぎりにおいて、ここでもおなじく機械ではないもの、自然への回帰が希求されているのはまちがいない。やはり二一世紀にはいってから、急速に地球環境問題やエコロジーについての意識がひろがったこと、さらには大震災による原発問題に端を発した自然エネルギーへの取り組みの進展なども、そうした方向性に拍車をかけたといえよう。

でも、それだけだろうか。いま回帰するべきところは自然だけだろうか。自然だけでよいのだろうか。先に事態は「先鋭化」

していると言った。二〇世紀初頭と二一世紀のいまでは状況がことなる。もっと深刻だし、状況は危機的ですらある。そういうなかで、ただ自然でよいのだろうか？

　民藝の時代をその四〇年ほど前の第四回パリ万博から性格づけたように、生活工芸の時代が直面している現状とその背景を考えてみよう。そう、いまから四〇年ほど前にも万博があった。一九七〇年の大阪万博だ。

　一八八九年のパリ万博と一九七〇年の大阪万博はふしぎと重なり合う部分が多い。前者の呼び物がエッフェル塔と機械館であったのと同じように、後者を象徴するものもまた「塔」と「館」だった。塔はいうまでもなく岡本太郎の「太陽の塔」。館は「電力館」という。

「電気のふしぎさと可能性、そして原子力への期待。電力館はそれを映像、展示、マジックイリュージョンであらわします。

　映像は『太陽の狩人』という題です。人類が火を使いはじめてから原子力に到達するまで、つねにあたらしいエネルギーを求めてきた歴史を『太陽への挑戦』としてとらえ、世界中にロケしたドキュメントふうの映像を展開します。ラストシーンで幅二二・五メートル、高さ八メートルの五面スクリーンいっぱいに写しだされる巨大な太陽は『電力館』の象徴で、ハイライトとなるでしょう。

　展示では、世界の原子力発電所の紹介、模型やパネルによる原子炉の説明などがあります。また一〇〇万ボルトでうつくしく乱舞する放電スペクタクルも話題を呼びそうです」（『日本万国博覧会 公式ガイド』より）

　電力館はただの電気の館ではなく、原子力の館だった。人類の歴史を「太陽への挑戦」とし、その到達点を原子力発電という第二の「巨大な太陽」の獲得に見出していた。電力館は当時ことさら呼び物というほどの印象を残すものではなかったかもしれない。だが、その概要は、シンボルタワーの「太陽の塔」と対をなし、まさしく来たるべき時代を予兆する。それは単なる電力の時代ではない。「アトミックエイジ」、原子力の時代の到来。それが、大阪万博が宣言したものであり、生活工芸の時代の背景にあるものにほかならない。

　マシンエイジからアトミックエイジへ。加速度的に、そして決定的に自然との乖離が進む時代の歩みのなかで、わたしたちは生まれ育ち新しい世紀を迎え、そうして自らを育んだ時代の趨勢に疑念を抱きはじめた。乖離したのはもはや自然だけではない。自然と向き合うわたしたち人間の生きる力、自然のなかで生き抜く力、サヴァイヴァビリティそのものが剝奪されてしまった。生活への関心と社会への関心という二つの傾向は、脆弱になったその力を回復する手がかりをそれぞれの仕方で模索するものにほかならない。にもかかわらず、両者がただしくリンクせず分裂したモヤモヤした意識を助長している現状を顧みた時、取るべき方向はただいたずらに社会性を追求するのでもなく、生活のなかに閉じ籠るのでもなく、それらの根っこにある「生きる力」の回復にたちかえるべき地点をみるべきではないかと思われる。

　アトミックエイジの到来が告げられた半世紀前、すでに時代の行く末をあやぶみ、生きる力の回復を求める動きがあった。スチュワート・ブランドの『ホール・アース・カタログ』（当初のシリーズは一九六八〜七二）や、アリシア・ベイ＝ローレルの『地球の上に生きる』（一九七〇、邦訳一九七二）、ヴィクター・パパネックの『生きのびるためのデザイン』（一九七一、邦訳一九七四）など、当時のそうした動きを伝える出版物に近年再び注目があつまっているのはけっして偶然ではない。最後にそんな書物の中の一冊のメッセージを紹介することで本稿を結ぶことにしたい。

「なによりもおそろしいのは、人間らしさというものをどこかへ置き忘れてしまっていることだ。『人間らしさ』とは何だろうか。ぼくは、あらゆる行動の原点に、自分自身の頭で下した判断をすえることだと考えたい。ひとが車を買えば自分も車を買い、ひとがボウリングをはじめれば自分もやるといった、『あなたまかせ』の生き方の正反対のものである。いいかえれば、たったひとり無人島にほうり出されたとき、どこまで生きられるかということだといってもいい。こういう場合、頭よりからだがモノをいうように誤解しがちだが、けっしてそうではない。ぼくたちの遠いご先祖が、体力だけでおそろしい猛獣にうちかってきたのではないことは、いうまでもないだろう。現代の文明がピンチにおちいっているのは、一見『頭』の勝利があらゆる利便を提供しているようにみえて、そのじつひとりひとりの人間が自分の頭を使うことをまったくしなくなっているからだ。この本で『冒険』とよぶのは、じつは『人間らしさ』をとりもどすことなのである」（谷口尚規「まえがき」『冒険手帳』（一九七二）より）

　ちょうどこのメッセージの虜になった子どもたちが社会の中核を担う世代となったとき、生活工芸は共感と支持を集めひろく浸透してきた。だからこそ言う。いまこそ「あらゆる行動の原点に、自分自身の頭で下した判断をすえ」、このモヤモヤした時代の空気を払拭するときだ。いまこそふたたび冒険の時だ。人間らしさの回復という冒険の。

生活と工芸のクロニクル

鞍田崇

1853年｜嘉永6年

■**ジョン・ラスキン「ゴシックの本質」（『ヴェネツィアの石』第2巻第6章）刊行【イギリス】**

本来不可分の生活と工芸の関係の再生を問う最初の試み。ラスキンは、本書において、ゴシック建築を建てた中世の職人世界へ迫り、物を創り出すことの使命感と喜びこそが本当に美しいものを生み出すとした。美が実現する場としての生活を追究し、そのために果たすべき建築と工芸の役割の大きさを指摘したものとして、いまなお原点とすべきものである。

1859年｜安政6年

■**ウィリアム・モリス邸「レッド・ハウス」建設【イギリス】**

モリスが結婚に際して建てた新居「レッド・ハウス」は、のちのアーツ&クラフツ運動の祖形をなした。その建設や内装作業を通じて、彼はラスキンが称揚した中世ギルドの手法に従い、生活と仕事、生活と工芸が一体となった共同体の実現を試みたのである。設計は盟友フィリップ・ウェッブが手がけた。

1861年｜文久元年

■**モリス・マーシャル・フォークナー商会（のちのモリス商会）設立【イギリス】**

レッド・ハウスでの共同作業から、建築・工芸による美しい生活の実現というラスキンの理念の具体化に自信を得たモリスは、自らの仕事を社会に向けて商業的に発信する場として、仲間らとともに室内装飾と家庭用品の制作を手がける会社を設立する。他の出資者が去ったのちは、モリスを単独の経営者として「モリス商会」と改称。現在に至るまでモリス作品の大半を扱ってきた。

1867年｜慶應3年

■**カール・マルクス『資本論』第1部刊行【ドイツ】**

1881年｜明治14年

■**東京職工学校（現・東京工業大学）設立**

1884年｜明治17年

■**アート・ワーカーズ・ギルド設立【イギリス】**

モリス商会の着実な活動は、新世代の建築家、デザイナー、芸術家、職人、製造業者といった「アート・ワーカーズ（芸術労働者）」とその支援者たちの方向性を示すとともに、彼らの連帯をうながし、多くのグループが結成された。生活と工芸の一体化とともに、理想を同じくする者たちの結束の組織化が、この時代の重要な特色である。それらの多くは中世の手工業ギルドに対する憧れから自ら「ギルド」を称した。

1887年｜明治20年

■**アーツ・アンド・クラフツ展協会設立【イギリス】**

イギリスでは、19世紀後半にかけて、工業化の進展とともに台頭してきた工芸・デザインの社会的地位の向上を図る様々な試みが見られた。なかでもラスキンの著述とモリスの取り組みに示唆を得て、機械化に抗して手工業の再生・復興を求める運動は、アート・ワーカーズ・ギルドとともにモリス自身が関与したこの展覧会（協会設立の翌1888年に第1回展）の名前を旗印に、工芸作家という新しい地位を確立することに寄与した。

■**東京美術学校（現・東京芸術大学美術学部）設立**

1889年｜明治22年

■**第4回パリ万博、エッフェル塔と機械館が呼び物となる【フランス】**

社会の産業化がもたらした国際イベントである万国博覧会は、各国が先端技術を競って誇示するとともに、新しく成長してきた大衆に向けて来るべき時代を体感させる役割を担った。手工芸と生活の融合を試みるアーツ&クラフツ運動が本格化しはじめたのと同時期に行われた第4回パリ万博は、そうした試みとは逆の方向へ、否応なく時代が推移していきつつあることを端的に示すものであった。

1890年｜明治23年

■**モリス、「ユートピアだより」執筆【イギリス】**

モリスには、生活と工芸のほかに「社会」というもう一つ重要な関心事があった。生活と工芸の一体化の追究は、同時に、両者の関係にゆがみをもたらした社会状況の改善を意図するものでもあった。モリスの著作で最も有名な「ユートピアだより」は、社会主義同盟機関誌『コモンウィール』に連載された。21世紀初頭に迷い込んだという設定のもとで、その時点にいたる社会の進展を構想したものだが、進展どころか、本質的に当時と変わらぬ現状の深刻さを考えさせられる。

1891年｜明治24年

■**モリス、ケルムスコット・プレス設立【イギリス】**

1895年｜明治28年

■**サミュエル・ビング、アール・ヌーヴォー開店【フランス】**

1896年｜明治29年

■**チャールズ・レニー・マッキントッシュ、グラスゴー美術学校新校舎設計コンペ入賞【イギリス】**

1890年代になると、アーツ&クラフツ運動はイギリス全土に展開し、その動きは海外にも及んだ。一方で、そうした動きに触発されながらも、独自の理念を模索したのが、スコットランド・グラスゴーを拠点に活動したマッキントッシュだった。素材感を消去した幾何学的なデザインと機能性に重きを置いた工業化への融和的応答は、後のモダニズムの先駆けをなすとともに、生活と工芸の現代的関係を問いなおすものでもあった。グラスゴー美術学校新校舎は、そうしたスタンスが発揮された、彼の代表作。

1897年｜明治30年

■**ウィーン分離派結成【オーストリア】**

1902年｜明治35年

■**エベネザー・ハワード『明日の田園都市』刊行【イギリス】**

19世紀後半に生活と工芸の関係が問い直されたのは、もとより生活における新しい豊かさを求める機運と連動するものでもあった。20世紀に入り、それは豊かさを実現する場の探究というかたちで顕在化する。キーワードは「田園」。ハワードの代表作である本書はその方向性を決定づけた。都市生活と農村生活の二者択一ではなく、活動的な都市の利点と農村の美しさの融合という第三の道を実現する「ガーデンシティ（田園都市）」という理念は、近代化が進むわが国の生活改善運動や都市計画にも大きな影響をもたらした。一方、この年、アーツ&クラフツ運動の中心人物のひとり、建築家のアシュビーは、運動の本来の場所は田舎にあるという信念のもと、活動拠点をロンドンから田園地方のチッピング・カムデンに移した。

■**京都高等工芸学校（現・京都工芸繊維大学）設立**

1906年｜明治39年

■**岡倉天心『THE BOOK OF TEA（茶の本）』（英文）刊行【アメリカ】**

『茶の本』は、そもそも岡倉天心がボストン美術館で東洋部顧問に従事していた際の講演をもとに欧米人向けに執筆した英文書籍である。いうまでもなく天心の代表作であり、いまでこそ翻訳もあり茶書の中でも最も著名な作品であるが、当時の工芸の歩みに直接的な影響をもたらしたわけではない。しかしながら、わずか160頁の本文のうちに、茶の精神が日々の暮らしの中に美を見出すものであり、日本の伝統的な工芸文化のもっとも大きな背景をなすことを端的に示すものとなっている。全体の序章をなす第一章の標題が「The Cup of Humanity」であることは、工芸における「人間性」が問われている現代の視点から見てもたいへん興味深い。

1907年｜明治40年

■**ドイツ工作連盟設立【ドイツ】**

いやおうなく産業化が進む時代のなかで、生活と工芸の結びつきを近代工業のもとに再生する試みも本格化する。ヘルマン・ムテジウスと彼が主導したドイツ工作連盟（DWB）は、19世紀後半に登場したモリスとアーツ&クラフツ運動の試みを継承しつつ、20世紀という新しい時代を積極的に受けとめ、工業化した工芸と芸術を連携づけようとした。インダストリアル・デザインの原点ともいうべきその活動は、やがて量と質の両方を維持する製品の標準化・規格化をめぐり論争を重ねることになる。

1908年｜明治41年

■**阪神電鉄『市外居住のすすめ』刊行**

1910年｜明治43年

■**雑誌『白樺』創刊**

1914年｜大正3年

■**西村伊作自邸（現・西村記念館）竣工**

イギリスのアーツ&クラフツ運動に端を発する生活と工芸の一体化を希求する動きは、わが国においては、言うまでもなく民藝運動として結実するのだが、それに先立ち、新しい生活のあり方を問うとともに、住宅や家具の設計・デザインを通して具体化する試みがあった。西村伊作はその先鞭をつけたものとして注目に値する。素人ながらに、あくまで生活者の視点から理想の住まいづくりを求めた西村の姿勢は、そのまま民藝運動における住空間へのアプローチにつながるものである。

■**高橋箒庵『東都茶会記』刊行開始（20年まで全13巻）**

■**大河内正敏ら、陶磁器研究会（のちの「彩壺会」）設立**

■**夏目漱石、講演「私の個人主義」**

1915年—大正4年

■第1回光悦会開催

1917年—大正6年

■赤星家道具入札、売り立て総額の最高記録となる

■マルセル・デュシャン「泉」【アメリカ】

1918年—大正7年

■武者小路実篤「新しき村」創設

■渋沢栄一、田園都市株式会社設立

1919年—大正8年

■バウハウス開校【ドイツ】

モダニズムの拠点となったバウハウスは、細分化された造形活動を総合芸術としての建築のもとに再結集することを試みるとともに、ドイツ工作連盟の活動をふまえ、芸術制作と機械生産と生活形式の結合を求めた。一方でモリスの影響も色濃く、立ち返るべき原点として手工芸を据えており、既成概念からの解放と造形実験を組み込んだ独自の教育プログラムを生み出した。その影響は、リベラルな西洋式の家政学の実践と普及への取り組みが台頭しつつあった、日本の教育界にまで及んだ。

■益田鈍翁ら、「佐竹本三十六歌仙絵」切断・分割

■西村伊作『楽しき住家』刊行

1921年—大正10年

■神戸購買組合・灘購買組合（灘神戸生協組合を経て、現・コープこうべ）設立

一見工芸との関わりは希薄であるが、資本主義がもたらした格差拡大や粗悪品の横行といった弊害を是正し、一般市民が安定した生活を自分たちの手に取り戻そうとする動きとして、消費者組合や生活協同組合の成立があったことも無視することはできない。その最初期の試みが神戸と灘の購買組合。両者の立役者、社会運動家の賀川豊彦はラスキンやモリスをこよなく愛し、のちに『ヴェネツィアの石』全巻の翻訳も手がけた（1931〜32年）。

■高橋箒庵『大正名器鑑』刊行開始（27年完結）

日本固有の工芸文化である茶の湯が、生活と工芸をめぐる動きに果たした役割は決して小さくない。近代社会の中でその担い手となった財界の数寄者たちの多くは、既存の評価基準にとらわれることなく、自由なまなざしの下で道具と向き合い、独自の選択と見立てを行ったが、その創意に満ちたまなざしは、民藝における選択眼にも連なるものであるといえる。道具との新たな関わりをもたらした近代茶の湯の金字塔が『大正名器鑑』全9編11冊。江戸期より珍重された「名物」だけでなく、編者箒庵の選定になる茶入・茶碗を網羅し、そのすべてについて実見記が添えられている。

■東京高等工芸学校（現・千葉大学工学部）設立

■文化学院・自由学園創設

1922年—大正11年

■今和次郎『日本の民家　田園生活者の住家』刊行

新しい生活のあり方が問われた20世紀初頭は、そもそもあたりまえすぎて見過ごされがちだった日常に多くの関心が寄せられた時代でもあった。そうした機運のなかで、建築家の今和次郎は、1917年（大正6）に民俗学者柳田國男らによって組織された研究グループ「白茅会」に参加。すでに各地で失われつつあった農村生活の実態調査とともに、本格的な民家研究に従事する。本書はその成果であり、今の代表作。副題が示唆するように、先行する田園都市運動を意識しつつ、本来の田園生活とは何かを問うものでもあった。

■大阪・箕面の住宅改造博覧会、東京・上野の平和記念東京博覧会で「文化住宅」出品

■ルドルフ・シュタイナー「第1ゲーテアヌム」【スイス】

1923年—大正12年

■関東大震災

1924年—大正13年

■柳宗悦、ソウルに朝鮮民族美術館創設【韓国】

1925年—大正14年

■渋沢敬三、郷土玩具などの民具を収集、自邸陳列館を「アチック・ミューゼアム」と命名

■ル・コルビュジエ「エスプリ・ヌーヴォー館」（アール・デコ博）【フランス】

1926年—大正15・昭和元年

■『日本民藝美術館設立趣意書』発表

「民藝」という言葉をはじめて公に使用した文書。趣旨文は柳宗悦が起草し、富本憲吉、河井寛次郎、濱田庄司、柳の連名で発表。表紙写真は青山二郎所蔵の伊万里猪口、題字は柳の手描き文字を黒田辰秋が彫った。民藝は、かつて誰も顧みることのなかった、無名の職人の手になる生活道具に固有の美しさを見出し、新しい工芸文化の確立を試みた。モリス

に始まるデザイン運動とともに、生活者の視点の台頭、新たな居住空間の追求、また近代茶の湯の自由闊達な道具との関わりなど、20世紀初頭に同時並行する諸々の動向の帰結でもあった。

■宮沢賢治「羅須地人協会」創設

この年、宮沢賢治は教員を辞し自給自足生活をはじめるとともに、「羅須地人協会」を創設。農民に農業技術とあわせて農民芸術の必要を講じ、農村生活の向上を探った。賢治の試みもまた、ラスキンやモリスの思想の触発によるものであり、単なる労働に堕した日常を喜びあるものにすべく、諸芸とともに工芸と生活の関係に注目が寄せられていた。

1927年｜昭和2年

■「上賀茂民藝協団」発足

草創期の民藝には、運動を牽引する二つの極があった。一つは民藝品を収蔵・展示する美術館の設立。それと並んで重視されたもう一つの極は、モリスらの「ギルド」にならい、新しい時代にふさわしい生活道具の制作を共にする共同工房を実現することであった。運動に共鳴した20代の若い工芸家たちが集った上賀茂民藝協団は、後者の最初の具体化であったが、その活動はわずか2年で幕を閉じることになった。

■富本憲吉「千歳村の家」完成

わが国の近代工芸において、富本憲吉はいつも要にいる。美術工芸の文脈で日本にはじめてモリスの仕事を紹介したのも彼である（「ウイリアム・モリスの話」、1912）。個人作家として活躍する一方で、生活との接続についても、時代の動向と切り結びつつ、奈良、東京、京都と移り住む。東京移転に際して拠点になったのは、田園都市として開発分譲中の千歳村（現・世田谷区上祖師谷）。民藝運動に関与した時期だが、新居は翌年の「民藝館（三国荘）」に見られる民家的趣きではなく、モダンな洋風コテージ。むしろ西村伊作の系譜に連なるセルフビルドの楽しさに満ちた住まいだった。

■マルティン・ハイデガー『存在と時間』刊行【ドイツ】

存在の意味という極めて哲学的で抽象的なテーマを、日々の生活と道具の分析から論じる。議論の背景にあるのは、最もリアルな世界であるはずの日常の生き生きとしたリアリティが見失われてしまいかねない現代社会への危惧と批判。もとより本書は工芸や生活のあり方について何ら具体的に提示するものではないが、両者の関係を問いなおそうとした20世紀初頭という時代の空気を鮮明に伝えるものとして掲げておきたい。

■柳宗悦『雑器の美』刊行

■帝展第4部（美術工芸）設置

■シュトゥットガルト住宅展【ドイツ】

1928年｜昭和3年

■上野公園の御大礼記念国産振興東京博覧会に「民藝館（三国荘）」出品

言葉として生み出されてわずか2年後に、民藝は住空間として提示される。最大の支援者となった浜松の素封家・高林兵衛は、このとき施工した大工らとともに翌年には自邸の改築を手がけている。他方、「民藝館」は、アサヒビール創始者であり、やはり民藝運動支持者でもあった山本為三郎が大阪・三国の自邸に移築、「三国荘」の名で知られることになる。ともすると、もっぱら個々の工芸品に関心を寄せたと思われがちな民藝運動だが、実はなによりも新しい生活の形を創出することに動機づけられており、それは民藝コミュニティの間でも共有されていた。

■柳宗悦『工藝の道』刊行

■藤井厚二「聴竹居」竣工と『日本の住宅』刊行

■和辻哲郎、京都帝国大学ではじめて「風土」を論じる

■仙台に商工省工芸指導所（現・産業技術総合研究所東北センター）設立

1929年｜昭和4年

■型而工房第1回展示会（新宿・紀伊國屋）開催

1930年前後になると官民ともに工芸デザインのパイオニアたちが活動をはじめる。いわば国立のデザインセンター、商工省工芸指導所とともにその一翼を担ったのは、東京高等工芸学校の関係者だった。なかでも、同校講師を務めた蔵田周忠らが結成した「型而工房」（1928年設立）は、新しく成長してきた「リアルな大衆生活」（同工房設立趣旨、1932）を明確に対象に据え、同時代ならではの「生活工芸」（同）の実現を目指したという点で特筆すべき存在。規格化・標準化の研究を進め、良質かつ安価で量産可能な家具の設計・制作・頒布とともに、イス式に象徴される新しい生活様式の啓蒙活動を展開した。

1930年｜昭和5年

■北大路魯山人、雑誌『星岡』に「柳宗悦氏の民芸論をひやかすの記」寄稿

■ミース・ファン・デル・ローエ「トゥーゲンハット邸」【チェコ】

1931年｜昭和6年

■**雑誌『工藝』創刊**

1932年｜昭和7年

■**自由学園工芸研究所（現・生活工芸研究所）設立**

自由学園は、西村伊作が設立した文化学院とともに、大正デモクラシーが生んだ自由教育を代表する教育機関として知られる。その一方で、バウハウスでデザイン教育を行っていたヨハネス・イッテンの思想を導入し、独自の美術教育を手がけるとともに、生活と工芸の結合も推進してきた。１９３０年（昭和5）には、学園で学んだことを実生活で活かしていくために必要なものを扱う機関として「自由学園消費組合（後の消費経済研究部）」を設立。つづいてその2年後には、芸術と実用が合致した生活道具の実制作を担う機関として工芸研究所が創設された。２０１４年には両者が統合し、自由学園生活工芸研究所となった。

■**吉田璋也、鳥取に民藝店「たくみ」開店**

■**雑誌『工藝ニュース』創刊**

1934年｜昭和9年

■**日本民藝協会設立**

1935年｜昭和10年

■**和辻哲郎『風土―人間学的考察』刊行**

■**ベンヤミン『複製技術時代における芸術作品』刊行【ドイツ】**

1936年｜昭和11年

■**ブルーノ・タウト「いかもの　と　いんちき」「げてもの　か　はいから　か」**

民藝運動に対する共感と違和感がないまぜになった感想は当時も今も根深くある。早いところでは建築家の堀口捨己が、「民藝館（三国荘）」に賛意を寄せた同じ文章（「大礼記念国産振興東京博覧会を見て感想二題」、１９２８）で、この建物には時代錯誤の「不快さ」がつきまとうと表明している。インチキの現代主義がハイカラに陥るのと同様に、民藝（ゲテモノ）は過去の手仕事に膠着するイカモノに堕しかねないとしたタウトも、基本的には堀口と同じ視点に立つ。彼の批判は民藝のみでなく、当時の建築や工業デザインに向けられたものでもあり、それに触発された剣持勇ら若きデザイナーの卵たちは、後にジャパニーズ・モダンを牽引することになる。

■**駒場に日本民藝館開館**

1939年｜昭和14年

■**雑誌『月刊民藝』創刊**

1940年｜昭和15年

■**日本民藝館で地方工芸振興協議会開催**

1941年｜昭和16年

■**シャルロット・ペリアン、「選択・伝統・創造」展開催（高島屋）**

商工省の委託を受け前年より来日していたペリアンの展覧会は、とかくすれ違いがちだったデザインと民藝がクロスオーバーするきっかけをなした。コルビュジエのもとでデザイナーとしての実績を積んでいた彼女の招聘理由は貿易品開発のための工業デザインの指導にあったが、実質的に議論となっていたのはデザインによる地方工芸の振興であった。来日後の彼女は、日本輸出工芸連合会にいた柳宗理と各地を訪ね、素材と技術が巧みに融合した在来工芸の実態をリサーチ。それをもとに新たにデザインした家具や作品とともに、各地の工芸品や日本民藝館の所蔵品から展覧会を構成した。

■**太平洋戦争勃発**

1942年｜昭和17年

■**柳宗悦『工藝文化』刊行**

１９３０年代、民藝運動の進展にあわせて、柳宗悦は『工藝』『月刊民藝』と二つの機関誌を創刊、それらを主たる発信の場として数々の工芸論を執筆する。その間一貫して追求されたのは、工芸独自の美の世界であった。本書はその「工藝美論」の到達点ともいうべき著作。組織立てて淡々と論じられる本書の背景には、工芸と生活が離ればなれになった「悲しい現状」（創元選書版『工藝』後記、１９４１）への憤りと、生活に即した工芸こそが生活に美を実現する正しい工芸だとする強い信念がある。民衆的工芸の弱点を直視するとともに、発展を遂げる機械工芸のあるべき姿を論じているところからは、単なる理想論ではなく時代と向き合った柳の真摯な姿勢もうかがえる。

1945年｜昭和20年

■**第2次世界大戦終結**

1947年｜昭和22年

■**出西窯設立**

1948年｜昭和23年

■**『美しい暮しの手帖』（現・『暮しの手帖』）創刊**

茶の湯の見立てから民藝の発見まで、わが国の工芸の世界には時代時代に独自の美を見出してきた眼差しの系譜とでもいうべきものがあり、それは現在の生活工芸にまで脈々と受け継がれてきている。だが、その眼差しはそのままに生活に必要なものを選び出すことができるのだろうか。『暮しの手帖』は、戦後復興から高度経済成長期、多様化する工業製品を生活者の視点から愚直なまでに比較検討する「商品テスト」を手がけてきた。その試みは、現代社会の中で生活という軸で物を選ぶことの一つの形を示したものといえるだろう。雑誌創刊は終戦直後の1948年（昭和23）。スタート時は『美しい暮しの手帖』というタイトルだったが、1953年より「美しい」を省き現タイトルに変更。商品テストはその翌年に始まった。

1951年｜昭和26年

■イサム・ノグチ、美濃和紙とのコラボ「AKARI」シリーズ

■マリメッコ設立【フィンランド】

1952年｜昭和27年

■「生活と工芸」展（福岡・岩田屋）

街が焦土と化し物資不足が深刻な終戦直後、あらためてラスキンやモリスの思想に立ち返り、工芸の指針を生きることへの貢献に向けなおす人びとがいた。九州を拠点に活動した金工家豊田勝秋はその一人。生活に密着した工芸を希求した彼は、1948年（昭和23）に製陶会社を設立し、工芸共同体の実現を試みるとともに、工芸指導所九州支所において支所長を務め、産業工芸の担い手の育成に励む。前者は経営不振により頓挫し、後者も組織縮小により退任をよぎなくされるが、その理想の芽は「生活と工芸」と銘打った展覧会として結実。同展は豊田自らが企画・運営・審査に携わり、以後1962年（昭和37）まで毎年開催され、森正洋はじめ、後のニュークラフトを代表するデザイナーが輩出した。

■ダーティントン国際工芸家会議【イギリス】

1953年｜昭和28年

■国際デザインコミッティー（現・日本デザインコミッティー）発足

1954年｜昭和29年

■剣持勇「ジャパニーズ・モダーンか、ジャポニカ・スタイルか──輸出工芸の二つの道」（『工芸ニュース』）

1950年代初頭、エキゾチズムにつけこむ粗悪な日本趣味製品（ジャポニカ）が海外に流出している現状を目の当たりにした剣持勇は、日本が本質的に伝承してきたシンプルな造形美と健全な近代感覚の融合形としてジャパニーズ・モダンを唱え、研究・試作を重ねた。この試みは、吉阪隆正らモダニストからそれはそれでジャポニカではないかと批判を受け論争となったことで知られる。だが、近代性と地域性は単純に対立し二者択一を迫るものではなく、むしろハイブリッドな形へと昇華されるべき課題だろう。剣持の意図が日本らしさを打ち出すことだけでなく、何よりもまず人間らしさの創出にあったことは、この点を考える上でも示唆に富む。

■重要無形文化財保持者（人間国宝）認定制度発足

■柳宗理「バタフライスツール」

■八木一夫「ザムザ氏の散歩」

1955年｜昭和30年

■民藝館茶会開催（日本民藝館）

1956年｜昭和31年

■チャールズ＆レイ・イームズ「ラウンジチェア＆オットマン」【アメリカ】

1957年｜昭和32年

■Gマーク制度発足

1958年｜昭和33年

■柳宗悦『茶の改革』刊行

1960年｜昭和35年

■「日本ニュークラフト」展（松屋銀座）

戦後工芸は、芸術表現や鑑賞性を重視する日展工芸と伝統工芸、手仕事による用の美の民芸、そして機械生産の工業デザインに分かれていた。そんな中、50年代半ばになると、同時代の北欧のモダンクラフトにも触発され、地場工芸のデザイン開発の中から、生活様式の変化にあわせ新しい生活工芸を求める機運が高まる。1956年には日本デザイナークラフトマン協会（現・日本クラフトデザイン協会）が設立され、それを機に「クラフト運動」が各地に展開。松屋銀座は店内にニュークラフトコーナーを設けるとともに、60年以降毎年ニュークラフト展を開催、暮らしと結びついた日用品としてのクラフトの定着に貢献してきた。

1961年｜昭和36年

■第1回ミラノサローネ国際家具見本市開催【イタリア】

■ジェイン・ジェイコブズ『アメリカ大都市の

死と生』刊行【アメリカ】

■岡本太郎
『忘れられた日本　沖縄文化論』刊行

1962年　昭和37年

■レイチェル・カーソン『沈黙の春』刊行
【アメリカ】

■クロード・レヴィ＝ストロース
『野生の思考』刊行【フランス】

1964年　昭和39年

■「建築家なしの建築」展
（ニューヨーク近代美術館）【アメリカ】

歴史的にほとんどの住宅は専門の建築家の手になるものでも、特定の様式にのっとったものでもなかった。その単純な事実を単純なままに示して見せることをねらいとした展覧会。そこから浮き彫りになるのは、そうした建築が風土に即し、固有の形態と素材を有し、しかも無名の工匠の手になるということ。住宅が商品化した現代に見失われた住まい本来の姿がそこにある。企画者であるバーナード・ルドフスキーは、本展を通じて、地域特有のあり方を表わす「ヴァナキュラー」という言葉を近代建築が取り組むべき課題として仕立てあげた。地域性、土着性、風土性は、生活と工芸の関係が問われ出したときにすでに問題になっていたが、拡張する近代化の中で繰り返し問いなおされる。

■ジョージ・ナカシマ、「讃岐民具連」
（63年発足）に参加

1967年　昭和42年

■バックミンスター・フラー、
講演「宇宙船地球号の操縦方法」【アメリカ】

■雑誌『季刊 銀花』創刊

1968年　昭和43年

■『ホール・アース・カタログ』創刊【アメリカ】

環境破壊と物質文化に浸りきった現代社会に背を向け、カウンターカルチャーが顕在化した時代の空気をもっとも凝縮した雑誌。農業や住居建築から宗教、セックス、ジョギングまで実に多岐にわたる項目について、生きるために必要なものという視点でセレクト、本当に役に立つ書物や道具などの入手手段・活用方法をカタログにまとめあげた。副題は「アクセス・トゥー・ツールズ」。モノへのアクセスだけでなく、価値観を同じくしながらも、互いに離ればなれのコミューンに暮らす仲間たちの情報ネットワークを形成する意義もあった。生きるためという視点、網羅的なカタログによる情報の共有、そして価値観のネットワークなど、ここで提起されたスタイルと思想がその後の生活文化に与えた影響は大きい。

1970年　昭和45年

■大阪万博

■国鉄キャンペーン
「ディスカバー・ジャパン」スタート

■雑誌『an・an』創刊

1971年　昭和46年

■「欧州の家具と古民具」展（髙島屋）

■ヴィクター・パパネック
『生きのびるためのデザイン』刊行【アメリカ】

1972年　昭和47年

■国連人間環境会議【スウェーデン】

■ローマクラブレポート『成長の限界』刊行
【アメリカ】

■谷口尚規『冒険手帳』刊行

1973年　昭和48年

■「古道具坂田」開廊

たとえば、由緒正しい古裂より、使い込まれた雑巾を選ぶ。既存の評価にとらわれないそのまなざしは、カウンターカルチャーの時代ならでは。このタイミングだからこそ生み出された場所と納得もするものの、古道具坂田がすでに開廊40年以上という事実に驚きを禁じえない。というのは、選択スタンスのカウンター的要素と、拾いあげられる素朴な美しさとは、ただちにイコールとはみなしえないからだ。物と空間の提示の仕方、とりわけ余白や余韻、あるいは沈黙の役割に注目するとともに、後に「素」「只」といった言葉で説明されるその美意識は、むしろカウンターの時代が過ぎ、20世紀も終わろうとするころ若い世代を中心に一気に浸透していった。

1976年　昭和51年

■雑誌『POPEYE』創刊

1977年　昭和52年

■柳宗理、日本民藝館第3代館長に就任

1978年　昭和53年

■ビル・モリソン＆デビッド・ホルムグレン
『パーマカルチャー・ワン』【オーストラリア】

1979年　昭和54年

■横山貞子『日用品としての芸術
使う人の立場から』刊行

1981年｜昭和56年

■「三島町生活工芸憲章」制定

高度経済成長による都市の繁栄は、地方では、開発による自然破壊と過疎化によるコミュニティ崩壊の危機をもたらした。そんな中で工芸をよりどころに地域の活性化を進めようとする動きが出てくる。奥会津・三島町の取り組みはその先駆的なものであり、しかも生活との接点に重点を置いた特筆すべきもの。同町では、1974年（昭和49）に始まる「ふるさと運動」の一環として、冬の農閑期に営まれてきた編み組細工などの生活道具に注目し、「生活工芸運動」を推進。同運動憲章には、生活の用から生まれるものを「生きる喜びの表現として」作ること、それを生活で用いるとともに「みずからの手で生活空間を構成する」ことがうたわれている。

1983年｜昭和58年

■「無印良品」1号店（現・Found MUJI 青山）オープン（東京）

無印良品は西友系の良品計画が手がける商品ラインとして、1980年に西友のプライベートブランドとしてスタート。「安くて良いもの」というコンセプトはグラフィックデザイナー田中一光の発案。過剰消費社会へのアンチテーゼが背景にはあるという。商業主義的なデザインを排する一方で、生活臭ではなく、生活美学を大事にした路面店1号の青山店は、ファッショナブルな評価を得るとともに、その思想を明快に伝え、名実ともに無印良品の原点となった。

1984年｜昭和59年

■「くるみの木」オープン（奈良）

■柳宗理、『民藝』誌上にて連載「新しい工藝」スタート（後に「生きている工藝」）

■豊福知徳『愉しき西洋骨董』刊行

■猪熊弦一郎『画家のおもちゃ箱』（写真：大倉舜二）刊行

1985年｜昭和60年

■「第1回クラフトフェアまつもと」開催

クラフトフェアまつもとは、生活工芸を介した価値観の共有のモデルを体現してきた場所といえるだろう。スタート時はバブル前夜。第1回の趣旨文をひもとくと、本当に必要なものがますます不分明になった時代に対するアンチテーゼが明示されている。同じくクラフトといいながらも、日本のニュークラフトとは一線を画し、イギリスやアメリカの野外クラフトフェアをモデルとする。組織的・権威主義的な評価ヒエラルキーではなく、あくまで草の根的な集い方。あがたの森の芝生の上というロケーションもあいまって、いまもなお開放的な気分に満ちているが、そこに脈打つカウンター的要素こそがこのイベントの本質であるようにも思われる。

1986年｜昭和61年

■第1回デザイナーズサタデー（後にTokyo Designers Weekと改称）開催

■三島町生活工芸館開館・第1回工人まつり（福島県）

■李禹煥作品集『LEE UFAN』刊行

1989年｜昭和64・平成元年

■ベルリンの壁崩壊【ドイツ】

1991年｜平成3年

■バブル崩壊

1992年｜平成4年

■「シェーカー・デザイン」展（セゾン美術館）

■国連環境開発会議（地球サミット）【ブラジル】

1993年｜平成5年

■ビル・モリソン『パーマカルチャー 農的暮らしの永久デザイン』刊行

■ドローグ設立【オランダ】

1994年｜平成6年

■「さる山」開廊（西荻窪）

■museum as it is 開館

1995年｜平成7年

■阪神・淡路大震災・地下鉄サリン事件

■BEAMS MODERN LIVINGスタート

1996年｜平成8年

■パーマカルチャー・センター・ジャパン設立

1997年｜平成9年

■「柳宗悦展―『平常』の美・『日常』の神秘」（三重県立美術館）

1998年｜平成10年

■「柳宗理のデザイン―戦後デザインのパイオニア」展（セゾン美術館）

生活と工芸の関係は、民藝とデザインの関係と置き換えてみることで、課題と可能性を具体的に考えることができる。民藝もデザインも、生活と密着した工芸のあり方を問いなおすなかで提起されながらも、互いに異なる方向を歩んだ。両者をブリッジしようとした柳宗理は、じつは生活工芸の時代の到来にとって最大の立役者かもしれない。その意味で、20世紀が終わろうとする中で、半世紀以上にわたる彼のクリエイションを回顧した本展は、きわめて象徴的な意味をもつ企画であった。

■graf設立（大阪）

■「ギャルリももぐさ」開廊（岐阜）

■STARNETオープン（栃木）

1999年―平成11年

■Roundaboutオープン（東京）

■雑誌『ソトコト』創刊

■白洲正子『いまなぜ青山二郎なのか』刊行

2000年―平成12年

■D&Department TOKYOオープン

■Gallery yamahonオープン（三重）

■雑誌『Casa BRUTUS』創刊

■第1回「大地の芸術祭　越後妻有アートトリエンナーレ」開催

2001年―平成13年

■「工房からの風」スタート

■エフスタイル開設

■Antiques Tamiserオープン（麻布十番）

■『Casa BRUTUS 柳宗理特集』（別冊ムック版2003年、新装版2008年）

■「眼の革命―発見された日本美術」展（渋谷区立松濤美術館）

■片柳草生『手仕事の生活道具たち』刊行

2002年―平成14年

■BEAMS fennicaスタート

■手仕事フォーラム設立

■雑誌『Arne』『住む。』『北欧スタイル』創刊

■原研哉『デザインのデザイン』刊行

■川瀬敏郎『今様花伝書』刊行

2003年―平成15年

■Found MUJIスタート

■雑誌『ku:nel』『Lingkaran』『天然生活』創刊

■柳宗理『柳宗理　エッセイ』刊行

■坂田和實『ひとりよがりのものさし』刊行

■伊藤徹『柳宗悦　手としての人間』刊行

■山形在来作物研究会発足（山形）

2004年―平成16年

■「素と形」展（松本市美術館）

建築家の中村好文、グラフィックデザイナーの山口信博、そして古道具坂田店主の坂田和實の3人の選定になる日用品の展覧会。クラフトフェアまつもと20周年の記念事業として、木工家で松本クラフト推進協会理事の三谷龍二の発案で企画された。日用品とはいうものの、狭い意味での生活道具にかぎらず、生活に寄り添うものたちという方がよい。現在の生活工芸の底辺にある美意識をはじめてまとまった形で可視化した展覧会であり、公立の美術館の企画として、この美意識がパブリックに共有されつつある、時代の表現であることを宣言する機会ともなった。手仕事の生活道具がいわばブーム化したのも、ちょうどこの頃から。

■赤木明登＋安藤雅信＋内田鋼一＋長谷川竹次郎＋ヨーガン・レール『茶の箱』刊行

■中村好文『住宅読本』刊行

■中小企業庁「JAPANブランド育成支援事業」スタート

2005年―平成17年

■深澤直人『デザインの輪郭』刊行

■三谷龍二『木の匙』刊行

■「インターナショナル・アーツ・アンド・クラフツ」展（V&A）【イギリス】

2006年―平成18年

■「スーパーノーマル」展（AXIS）

■「骨董誕生」展（松濤美術館）

■赤木明登『美しいもの』刊行

■山口信博『白の消息　骨壺から北園克衛まで』刊行

2007年―平成19年

■松本市「工芸の五月」スタート

■藤井咲子『おじいちゃんの封筒　紙の仕事』（写真：島隆志）刊行

■濱田琢司他監修『あたらしい教科書　民藝』刊行

■土田眞紀『さまよえる工藝　柳宗悦と近代』刊行

■21_21 DESIGN SIGHT開館

2008年―平成20年

■シンポジウム「サブカルチャーと民芸」（ギャルリももぐさ）

■「レスプリ・ミンゲイ・オ・ジャポン」展（ケブランリ美術館）【フランス】

■ナガオカケンメイ『60VISION　ロクマルビジョン　企業の原点を売り続けるブランディング』刊行

■五十嵐恵美＋星野若菜『エフスタイルの仕事』刊行

２００９年｜平成21年

■DESIGNEAST 00 開催（大阪）

若い世代の間で急速に浸透し、なかばブームのような状況にもいたった暮らしへの関心は、２００８年のリーマンショック後には落ち着きを取り戻す。それと並行して台頭してくるのが社会意識。DESIGNEASTはそのターニングポイントを象徴するデザイン・イベントである。ファッション、建築、プロダクトなどを扱うが、展示会ではなく、〈デザインが営まれる状況をデザインする〉という21世紀以降顕著になった方向性を考えることに主眼を置く。２年目の「01」以降は統一テーマを設定。「01：ソーシャル・サスティナビリティ」、「02：周縁と中心」、「03：状況との対話」、「04：場への愛」、「05：CAMP」といった各回のテーマからは、社会とデザインの関係がより濃密かつ本質的になったことがうかがわれる。

■BEAMSで、「日本手仕事」展スタート

■「堺クラフトフェア　灯しびとの集い」スタート

２０１０年｜平成22年

■「生活工芸プロジェクト」スタート（金沢）

「生活工芸」が、近年の生活道具の潮流を意味する言葉として定着するきっかけをなしたプロジェクト。「生活工芸」（２０１０）、「作る力」（２０１１）、「繋ぐ力」（２０１２）という三つの展覧会（会場：金沢21世紀美術館）によって、使い手・作り手・繋ぎ手という異なる視点から同時代の人と物の関係を見直すとともに、２０１２年以降は「モノトヒト」という関連ショップをオープン。生活工芸を扱う各地のギャラリーや作家の活動を紹介している。そもそも生活工芸という言葉は、１９３０年代に盛んに使われるようになった。当時台頭しつつあったデザインと民藝が、それぞれ自らのスタンスを説明し意義づける際にこの言葉を用いた。一方、戦後まもなく生活が混迷を極めた時代にもまた、新しい指針を指し示すものとして散見された。いずれも、生活や社会が大きく変化し、それに付随して道具のあり方が見直されたタイミング。現在もまたそうした機運ということかもしれない。

■経済産業省クール・ジャパン室（現・クリエイティブ産業課）創設

■雑誌『目の眼』別冊４００号記念特大号「サヨナラ、民芸。こんにちは、民藝。」刊行

２０１１年｜平成23年

■東日本大震災

■山崎亮『コミュニティデザイン　人がつながるしくみをつくる』刊行

■小林和人『あたらしい日用品』刊行

■雑誌『Kinfolk』創刊【アメリカ】

２０１２年｜平成24年

■瀬戸内生活工芸祭２０１２開催

瀬戸内生活工芸祭は、クラフトフェアまつもとに端を発する生活道具との出会い方を、近年の「生活工芸」という言葉への収斂をふまえつつ、新しい形で問いなおす企画。ブームによって大きくなりすぎたイベントをコンパクトにし、開催地・香川で培われてきた生活工芸文化との接続を意識したプログラムを展開。コンセプトブック『道具の足跡　生活工芸の地図をひろげて』は、そうした点を反映したガイドブック的な役割をもつと同時に、いまなぜ生活工芸なのか検証を試みるものでもあった。

■深澤直人、日本民藝館第５代館長に就任

■「古道具、その行き先　坂田和實の40年」展（松濤美術館）

■「物物　Butsu Butsu」展（丸亀市猪熊弦一郎現代美術館）

■久野恵一監修『民藝の教科書』刊行（全６巻、２０１４年完結）

■岡田栄造・山崎泰寛・藤村龍至編『リアル・アノニマスデザイン　ネットワーク時代の建築・デザイン・メディア』刊行

２０１３年｜平成25年

■graf『ようこそようこそ　はじまりのデザイン』刊行

２０１４年｜平成26年

■ＮＰＯ法人松本クラフト推進協会『ウォーキング・ウィズ・クラフト』刊行

生活工芸という言葉は

三谷龍二

生活工芸という言葉は、ここ二〇年ほどの工芸の新しい動きに仮につけられた名称なのだと思います。それが一時期のブームとして終わるのかどうか僕には判らないし、それは時間の自然な流れに任せればいいことだと思っています。ただ呼び名のことではなくて、この時代に人々が生活や暮らしに対して高い関心を示したことや、美術品のような工芸から生活で使う工芸へと、作家やギャラリー、そして一般の人々まで大きく変わっていったという推移を僕はずっと見てきたので、(生活工芸という旗を掲げたいのではまったくなく)振り返ってそれはいったいどういうことだったのか、なにを求めていたのか、ということを、(それは自分のことでもあるので)考える場が欲しいと思ったのでした。それを編集の菅野さんに話し、鞍田さんや石倉さんなど、今回寄稿いただいた方と意見を交わすところから、この本は始まったのでした。

工芸の世界には下職として長い間日陰に置かれている人々がいました。あるいは第二芸術と言われて、ひとつ格下に扱われることもあった。そうした抑圧のようなものが工芸に影を落としていて、その反動からか、エネルギーには満ちていたけれど、上昇志向の強い、少し健康さを欠いていたところがあったように思うのです。

そうした肩に力の入った状態ではなく、もっとフラットな気持ちで(工芸なのですから)使えるものを、自分たちの暮らしのなかで本当に欲しいと思うものを作っていきたいと僕たちは考えました。そして「生活」を引き寄せていったのだろうと思います。

写真

三谷龍二　p16,17,20,21,24,25,28,29,32,33,40,41,44,45,48,49,52,53,56,57

菅野康晴　p77,93,100,101,104,112,129,132

小林和人　p84,85,88

筒口直弘　p117

装丁

長田年伸

「生活《せいかつ》工芸《こうげい》」の時代《じだい》

発行　2014年9月10日

編者　三谷龍二《みたにりゅうじ》　新潮社《しんちょうしゃ》

発行者　佐藤隆信

発行所　株式会社新潮社

住所　162-8711　東京都新宿区矢来町71

電話　編集部　03-3266-5611

読者係　03-3266-5111

ウェブサイト　http://www.shinchosha.co.jp

印刷所　大日本印刷株式会社

製本所　大口製本印刷株式会社

ISBN978-4-10-336531-0 C0072